物流管理基础

赵　凡　袁时雨　刘津平　主编

延边大学出版社

图书在版编目（CIP）数据

物流管理基础 / 赵凡，袁时雨，刘津平主编. -- 延吉：延边大学出版社，2022.10
 ISBN 978-7-230-04095-2

Ⅰ. ①物… Ⅱ. ①赵… ②袁… ③刘… Ⅲ. ①物流管理－高等学校－教材 Ⅳ. ①F252.1

中国版本图书馆 CIP 数据核字(2022)第 200375 号

物流管理基础

主　　编：赵　凡　袁时雨　刘津平
责任编辑：赵春子
封面设计：金世达
出版发行：延边大学出版社

社　　址：吉林省延吉市公园路 977 号	邮　　编：133002
网　　址：http://www.ydcbs.com	E-mail：ydcbs@ydcbs.com
电　　话：0433-2732435	传　　真：0433-2732434

印　　刷：天津市天玺印务有限公司
开　　本：787×1092　1/16
印　　张：11
字　　数：200 千字
版　　次：2022 年 10 月 第 1 版
印　　次：2024 年 3 月 第 2 次印刷
书　　号：ISBN 978-7-230-04095-2

定价：58.00 元

前　言

随着物流技术的进步和物流在经济社会发展中地位的提升，物流作为一门科学得到了快速发展。物流的产生应该是生产力和社会经济发展的结果，从管理学与工业工程的角度看，物流是连接生产与生产系统、经济与经济系统不可缺少的部分。

物流是一个复杂的系统，物流活动涉及许多方面和环节。作为国民经济中的一项重要经济活动，物流与我们的生活密切相关，在现代商品生产和流通中发挥着极其重要的作用。物流是支撑企业经营的重要基础，也与我们的生活息息相关。作为一个现代管理概念，物流体现的是一种新的思维模式和管理方式。准确地理解物流概念，对正确把握物流的本质，深入研究物流问题具有重要意义。

本书共分为七章，第一章是对物流的概要论述，第二章主要论述了物流系统的相关理论，第三章对物流管理进行了分析，第四章阐述了物流活动的具体内容，第五章介绍了第三方物流的相关内容，第六章分析了供应链管理，第七章对电子商务与国际物流进行了阐述。

笔者在编写本书的过程中，搜集、查阅和整理了大量文献资料，在此对学界前辈、同人和所有为此书编写工作提供帮助的人员致以衷心的感谢。由于笔者能力有限，加之编写时间较为仓促，书中难免有错漏之处，还请广大读者给予理解并不吝指教！

笔者

2022 年 6 月

目 录

第一章 物流概述 ... 1

第一节 物流的基本概念与产生背景 ... 2
第二节 物流的作用和分类 ... 7
第三节 物流与社会经济 ... 14
第四节 现代物流理念及其特征 ... 17

第二章 物流系统 ... 22

第一节 物流系统概述 ... 23
第二节 物流系统功能 ... 26
第三节 物流系统分析 ... 31
第四节 物流发展历程及现代物流发展趋势 ... 40

第三章 物流管理 ... 47

第一节 物流管理学概述 ... 48
第二节 企业物流管理 ... 52
第三节 物流标准化 ... 57

第四章 物流活动 ... 61

第一节 物流运输 ... 62
第二节 物流包装 ... 70
第三节 仓储管理 ... 76

第四节　装卸搬运……………………………………………………………82
　　第五节　配送及客户服务……………………………………………………85

第五章　第三方物流……………………………………………………………96
　　第一节　第三方物流概述……………………………………………………98
　　第二节　第三方物流企业……………………………………………………103
　　第三节　第三方物流的价值…………………………………………………112

第六章　供应链管理……………………………………………………………118
　　第一节　供应链概述…………………………………………………………119
　　第二节　供应链管理概述……………………………………………………124
　　第三节　供应链管理的快速反应方法概述及实施步骤……………………128

第七章　电子商务与国际物流…………………………………………………134
　　第一节　电子商务基本理论…………………………………………………135
　　第二节　电子商务与现代物流………………………………………………140
　　第三节　电子商务下物流管理模式…………………………………………146
　　第四节　国际物流……………………………………………………………157

参考文献…………………………………………………………………………170

第一章 物流概述

【学习目标】

- 掌握物流的基本概念。
- 充分了解物流的作用和分类。
- 理解物流与社会经济之间的联系及现代物流理念。

【引导案例】

华润河南医药领跑河南医药物流行业

2016年12月8日,河南省物流业大会在商丘隆重召开,华润河南医药有限公司(以下简称"华润河南医药")荣获"河南省物流领军企业"称号,成为医药行业唯一获得该奖项的企业。同年,华润河南医药荣获"国家4A级物流企业"认证。

近年来,国家持续推进供给侧结构性改革和降低实体经济成本的决策部署,而物流业是支撑经济社会发展的基础性、战略性产业,加快物流业发展恰是推进供给侧结构性改革、增加公共产品和公共服务供给的重点方向。在新常态下,面对经济下行态势和一波医改之风,华润河南医药提出"汇聚资源,创造价值"的战略方针,多管齐下。通过线上线下有机统一的电商平台,为上下游客户提供便捷快速的信息资源和交易模式;通过药事安全管理支持,搭建线上信息集成平台,构建医院药库物流信息化体系;通过基层医疗机构药品供应一体化管理,将各参与方串联,实现信息共享,并结合线下采购、配送、验收,为解决基层药品配送"最后一公里"难题,提供有效的解决方案;通过冷链物流,跟踪物流环节,保障药品质量;通过建立DTP零售药店,提供一对一销售服务,完善物流最后环节。

思考:

(1)为什么河南省要大力发展医药物流?

(2)医药物流蕴含哪些技术含量?

第一节　物流的基本概念与产生背景

一、物流的基本概念

（一）物流

物流是 20 世纪 50 年代新发展起来的一门应用学科，是社会科学和自然科学之间的交叉学科，也是管理科学和工程技术科学之间的交叉学科。物流科学通过综合应用自身以及社会学、管理学、经济学、数学、系统工程学等学科的相关理论，结合当前飞速发展的计算机、互联网、机器人以及人工智能等技术，与电子商务相互融合，给国民经济和企业的生产经营带来了难以估量的经济效益，成为当代最活跃、最有影响的新兴学科之一。因此，物流科学自产生以来已显示出强大的生命力，引起了人们的重视并被给予高度评价，从而获得了迅速的发展和普及。

物流即物的流通，包含"物"与"流"两个方面的内容。概括地说，"物"是指一切可以进行物理位置移动的物质资料，通常与五个概念相关：第一是物资，泛指物质资料，较多指工业品生产资料，它是物流中"物"的组成部分。第二是物料，是生产领域中的一个专门概念。在生产企业中除最终产品之外，在生产领域流转的一切材料（不论是生产资料还是生活资料），如燃料、零部件、半成品，以及生产过程中必然产生的边角余料、废料和各种废物等统称为物料，物料是物流中"物"的一部分。第三是货物，是交通运输领域中的一个专门概念。交通运输领域经营的对象分为"物"与"人"两大类，除"人"之外，"物"统称为"货物"，它也是物流中"物"的一部分。第四是商品，商品和物流的"物"是互相包含的。商品中的一切可发生物理性位移的物质实体都是物流研究的"物"（不包括无形商品和"不动品"），物流的"物"有可能是商品，也有可能是非商品。第五是物品，有形物的通称。"流"是指物理性运动，有"移动、运动、流动"的含义。"物流"泛指物质资料实体在进行社会再生产过程中，在空间内有目的性的（从供应地向接收地）实体流动过程。它连接生产和消费，使货物流通便捷，物尽其用，促进生产不断发展，满足社会生产、消费的需要。

也有文献对物流的表述为：高效、低成本地将原材料、在制品储备、产成品等由其始发地至消费地的流动和储存，以及与其有关的信息流进行计划、实施和控制的过程，以达到满足用户需求的目的。

由国家市场监督管理总局、中国国家标准化管理委员会发布的国家标准《物流术语》（GB/T 18354—2021）对物流进行了如下定义："根据实际需要，将运输、储存、装卸、搬运、包装、流通加工、配送、信息处理等基本功能实施有机结合，使物品从供应地向接收地进行实体流动的过程。"随着经济社会的快速发展以及各种新技术的不断普及应用，物流科学的内涵及其相关理论都在不断地发展与更新。

（二）物流的价值

1.时间价值

"物"从供给者到需要者之间有一段时间差，由改变这一时间差创造的价值，称作时间价值。时间价值主要通过物流的仓储功能来实现。物流创造时间价值有以下三种形式：

（1）缩短时间创造价值

缩短物流时间，可获得多方面的好处，如减少物流损失、降低物流消耗、增加"物"的周转、节约资金等。现代物流学着重研究的一个重要内容，就是如何采取技术的、管理的、系统的方法来尽量缩短物流的宏观时间和有针对性地缩短物流的微观时间，从而取得更高的时间价值。

（2）弥补时间差创造价值

在经济社会中，需要和供给之间普遍存在着时间差异，如粮食生产有严格的季节性和周期性。正是有了这个时间差，商品才能取得自身的最高价值，才能获得理想的效益。但是商品本身是不会自动弥合这个时间差的，如果没有有效的方法，如集中生产出的粮食除了当时少量消耗的部分，会损坏、腐烂，而在非产出时间，人们就会没有粮食吃。物流便是以科学、系统的方法弥补、改变这种时间差，以实现商品的时间价值。

（3）延长时间差创造价值

某些具体物流中存在人为地、能动地延长物流时间差来创造价值的情况。例如，当人们预测到某种物品或原材料在未来一段时间内将发生短缺或价格上涨，而这些物品或原材料的存储成本又大大低于由物品短缺或价格升高引起的机会成本时，人们就会囤积这些物品，有意识地延长时间差来创造价值。

2. 空间价值

"物"从供给者到需求者之间有一段空间差异，供给者和需求者往往处于不同的场所，由改变这一空间差异而创造的价值被称作空间价值。空间价值主要通过物流的运输和配送功能来实现。物流创造空间价值是由现代社会产业结构、社会分工所决定的，主要原因是供给和需求之间的空间差。商品在不同地理位置有不同的价值，通过物流将商品由低价值区转到高价值区，便可获得价值差，即空间价值。物流创造空间价值有以下三种具体形式：

（1）从集中生产场所流入分散需求场所

现代化生产的特点之一，往往是通过集中的、大规模的生产以提高生产效率，降低成本。在一个小范围内集中生产的产品可以覆盖大面积的需求地区，有时甚至可以覆盖一个国家乃至若干个国家。通过物流将产品从集中生产的低价值区转移到分散于各处的高价值区，有时可以获得很高的利益。例如，现代生产中钢铁、水泥、煤炭等原材料生产往往集中在一个地区以几百万甚至几千万吨的规模进行生产，汽车生产有时也可达百万辆以上，这些产品都需要通过物流由集中生产地区流入分散需求地区。

（2）从分散生产场所流入集中需求场所

现代物流的最终目的是满足消费者的需求。当今消费者都希望通过集中的销售场所获得不同的物质需求。这就需要像沃尔玛、大润发这样的现代连锁经营场所，能够集中全国甚至全世界各地分散生产的各种各样的消费品，在集中的场所进行销售，方便消费者实现其需求目标。

（3）从甲生产地流入乙需求地

在现代社会中，供应与需求的空间差十分普遍，有不少是由自然、地理和社会发展因素决定的，如农村生产粮食、蔬菜而异地于城市消费，南方生产荔枝而异地于各地消费，北方生产高粱而异地于各地消费，等等。现代人每日消费的物品几乎都是相距一定距离甚至是十分遥远的地方生产的。物流将这些物品从低价值区向高价值区转移，并从中获得收益。如此纷繁交错的供给与需求的空间差都是靠物流来弥合的，物流也从中获得了利益。

3. 加工附加价值

物流也可以创造加工附加价值。加工附加价值主要通过物流的流通加工功能来实现。加工是生产领域常用的手段，并不是物流的本来职能。但是，现代物流的一个重要特点是根据自己的优势从事一定的补充性的加工活动,这种加工活动不是创造商品主要实体,形成商品主要功能和使用价值,而是带有完善、补充、增加性质的加工活动,这种活动必然会形成劳动对象的附加价值,这是现代物流有别于传统物流的重要方面。

创造加工附加价值的形式共有三种:

第一,不改变物品的外观形状,通过计量、分拣等作业活动,实现物品的增值。企业大规模生产出来的产品在进入流通领域后,由于产品的等级、花色、规格等存在一定差异,人们可以通过计量、分拣等方式,将产品进行分类,然后进行差别定价,也可以将不同品种的产品进行组合销售,从而获得更高的收益。

第二,不改变物品的外观形状,通过包装、添加标签等作业活动,实现物品的增值。货物按要求被重新换成大包装、小包装、运输包装、销售包装等多种形式,美观的包装、标签不仅是商业活动的需要,还可以吸引消费者的注意,达到促进销售的目的。虽然包装材料和标签需要消耗一定的费用,但它们带来的收益远比投入的成本要大得多。随着我国商品在国际市场的流通,商品包装及标签的作用越来越重要,包装和添加标签等流通加工活动,是提高商品在国际市场中竞争力的重要途径。

第三,通过分割、组装等活动,改变物品的形状,实现物品的增值。这是指将生产领域的部分简单加工活动延伸到流通领域,包括销售时对整件货物按照顾客的需求进行加工,如切割玻璃、搅拌水泥等流通加工,还包括将一些简单的组装活动延伸到流通领域,如自行车、计算机的组装销售。这些活动不仅方便运输和配送,还大大提高了物流的附加价值。

二、物流产生的根源和背景

(一)物流产生的根源

1.生产与消费在时间和空间上的分离

人类社会开始商品生产之后,生产和消费逐渐分离,这就诞生了连接生产和消费的中间环节——流通。将生产和消费在空间上连接必须进行物资运输,在时间上连接就需要进行物资储存;将生产和消费的人进行连接,就需要进行商品的买卖与交换。商品的运输、储存以及与此相联系的包装、装卸等物资实物流动即形成物流。

物流产生的根源就在于生产与消费在时间和空间上的分离。20世纪50年代后，由于生产力的发展，产品逐渐丰富，这就使生产和消费的分离越来越普遍，但是生产和消费的有效连接却存在着难度，而与此同时人们要求流通的时间却越来越短。马克思指出：流通的时间越等于或接近于零，资本的职能就越大，资本的生产效率就越高，它的自行增值就越大。产需分离、劳务分工越来越彻底，逐步扩大到城市分工、地区分工，进而走向大规模的集约化和国际化，这就需要依靠流通来弥补这种分离和分工，由此进一步促进了物流的迅速发展。

2.经济的必要性

第二次世界大战以后，世界各国的经济环境都发生了巨大的变化，尤其是石油危机的爆发使主要的资本主义国家的企业开始面对提高利润和市场条件不稳定的压力。在大机器生产的条件下，流通成本相对于生产成本而言有上升的趋势，影响了商品的竞争力，而在生产中依靠提高生产效率却很难达到显著降低费用的目的。物流作为提高生产效率、控制与减少成本的一种途径不断地受到人们关注，也得到了良好的发展。

（二）物流产生的背景

现在经济发展使市场竞争越发激烈，生产中各个重要的环节逐渐趋于专业化，物流与商流分离的情况更加突出。工业化进程的加快以及大批量生产和销售的实现，使生产成本相对下降，这就在一定程度上刺激了消费。由于市场的繁荣、商品的丰富，在流通领域出现了超级市场、商业街等大规模的物资集散场所。随着科学技术的不断发展，人们开始使用现代的流通技术和设备，提高了物资流通的速度和能力，使得商品的流通成本相对于生产成本有了降低的可能和趋势。经济的迅速发展也使市场逐渐成熟，经营观念由生产导向开始转向市场导向，一切都要适应市场的需要，高效的物流服务成为企业确保竞争力的重要手段。

物流正是在这种背景下，从降低成本、连接生产与消费、迎合市场营销观念的角度孕育而生的。物流活动使市场的各个环节相互连接，实现了物资的时间和空间价值，使原来处于分散、从属、孤立的各项物流活动联结起来，形成了一个物流大系统。

21世纪初，人们开始重视降低物资采购及产品销售的成本，同时技术的发展也为大批量配送提供了条件，物流就脱离了原有的"仓储和运输就是物流"或"配送就是物流"的传统层面，作为一个产业应运而生，逐步向组织化、系统化方向发展。

第二节 物流的作用和分类

一、物流的作用

现代物流能够使货物在起始地和目的地之间进行正确速度的流动,从而大大节约企业的时间成本。流通的时间越等于或接近于零,资本的职能就越大,生产效率就越高,自行增值就越大。这就告诉人们,物流时间的缩短,可以把在物流过程中节约的资金再投入生产领域,使资金发挥更大的效益。马克思指出劳动时间起着双重作用:一方面,劳动时间是社会的有计划的分配,调节着各种劳动职能同各种需要的适当比例;另一方面,劳动时间又是计量生产者个人在共同产品的个人消费部分所占份额的尺度。时间的节约,以及劳动时间在不同的生产部门之间有计划的分配,在共同生产的基础上仍然是首要的经济规律。可见时间的节约就是成本的节约。时间的节约可体现为两个方面:一是生产过程中劳动时间的节约,这主要是提高劳动生产率,减少单位产品生产的劳动时间;二是减少非劳动时间的生产时间,如原材料的储备时间等。

任何产品都不可能一生产出来不经过运输、保管、包装、装卸搬运就立即消费,因此,物流是一个不可省略或者说不可跨越的过程。笼统地说,物流的作用主要表现在以下六个方面:

(一)保值

物流有保值作用。任何产品从生产出来到最终消费,都必须经过一段时间、一段距离,都要经过运输、保管、包装、装卸搬运等多环节和多次数的物流活动。在这个过程中,产品可能淋雨受潮、生锈、破损、丢失等,物流的使命就是防止上述现象的发生,保证产品从生产者到消费者移动过程中的质量和数量,起到对产品的保值作用,使产品在到达消费者身边时使用价值不变。

(二)节约

搞好物流,能够节约自然资源、人力资源,同时也能够节约费用。比如:集装箱化运输,可以简化商品包装,节省大量包装用纸和木材;实现机械化装卸作业,仓库保管自动化,能节省大量作业人员,大幅度降低人员薪酬开支。重视物流可节约费用的事例比比皆是,海尔集团为加强物流管理,建设了现代化的国际自动化物流中心,仅用一年时间就将库存占压资金和采购资金从 15 亿元降低到 7 亿元,节省了 8 亿元开支。

(三)缩短距离

物流可以缩短时间间隔、距离间隔和人的间隔,现代化的物流在缩短距离方面的例证不胜枚举:中国邮政全面提速,主要城市可享邮件"次日达"甚至"次晨达"的极速体验;美国联邦快递能做到隔天送达亚洲 15 个城市;日本的配送中心可以做到上午 10 点前订货,当天送到。这种物流速度,把人们之间的地理距离和时间距离一下子拉得很近。随着物流现代化的不断推进,国际运输能力大大加强,极大地促进了国际贸易,使人们逐渐感到这个地球变小了,各大洲的距离更近了。

城市里的居民都或多或少地享受到了物流进步的成果:南方产的香蕉在全国各大城市一年四季都能买到;新疆的哈密瓜、宁夏的白兰瓜、东北大米、天津小米等都不分季节地供应市场;中国的纺织品、玩具、日用品等近年大量进入美国市场,除了中国的劳动力丰富等原因,更多的是国际运输业发达、国际运费降低的缘故。

(四)增强企业竞争力,提高服务水平

在新经济时代,企业之间的竞争越来越激烈。在同样的经济环境下,制造企业(如家电生产企业)相互之间的竞争主要表现在价格、质量、功能、款式、售后服务上。但是,像彩电、空调、冰箱等这类家电产品在工业科技如此进步的今天,在质量、功能、款式及售后服务方面,各企业的水平已经没有太大的差别,唯一可比的地方往往是价格,近几年全国各大城市此起彼伏的家电价格大战,足以说明这一点。

支撑降价的因素如果说是为了占领市场份额,那么经过一次、两次的亏本降价,待市场夺回来后再把这块亏损补回来也未尝不可。然而,如果亏本降价后仍不奏效,企业就可能一败涂地。在商品短缺的年代,企业可以靠扩大产量、降低制造成本去攫取"第一利润源";在商品丰富的年代,企业又可以通过扩大销售攫取"第二利润源"。可是在 21 世纪和新经济社会,"第一利润源"和"第二利润源"已基本到了极限,目前剩下的就是物流——"第三利润源"。物流技术的提高,降低了物质资料、产品在流转过

程中的费用，提高了经济效益和社会效益，因此物流被喻为"第三利润源"。降价是近几年家电企业之间主要的竞争手段，降价竞争的后盾是企业总成本的降低，即功能、质量、款式和售后服务以外的成本降价，也就是我们所说的降低物流成本。

国外的制造企业很早就认识到了物流是企业竞争的法宝，搞好物流可以实现"零库存""零距离"和"零流动资金"占用，是提高用户服务水平、构筑企业供应链、增加企业核心竞争力的重要途径。在经济全球化、信息全球化和资本全球化的21世纪，企业只有建立现代物流结构，才能在激烈的竞争中求得生存和发展。

（五）加快商品流通，促进经济发展

配送中心的设立为连锁商业提供了广阔的发展空间，利用计算机网络，将超市、配送中心和供货商、生产企业连接，能够以配送中心为枢纽形成一个商业、物流业和生产企业的有效组合。有了计算机迅速及时的信息传递和分析，通过配送中心的高效率作业、及时配送，并将信息反馈给供货商和生产企业，可以形成一个高效率、高能量的商品流通网络，为企业管理决策提供重要依据，同时还能大大加快商品流通的速度，降低商品的零售价格，增强消费者的购买欲望，从而促进国民经济的发展。

（六）创造社会效益和附加价值

实现装卸搬运作业机械化、自动化，不仅能提高劳动生产率，而且能解放劳动生产力，使工人从繁重的体力劳动中解脱出来。这本身就是对人的尊重，同时能够创造一定的社会效益。

比如，日本的"宅急便""宅配便"，国内的"宅急送"等，都是为消费者服务的新行业，它们的出现使居民生活更舒适、更便利。在日本，当你去滑雪时，那些沉重的滑雪用具不必你自己扛、自己搬、自己运，只要给"宅急便"打个电话就有人来取，人还没到滑雪场，你的滑雪板等用具就已经先到滑雪场了。再如，当你去超市购物时，超市不单单提供了便宜、安全的商品，而且提供了手推车，让你可以省很多力气，轻松购物。手推车是搬运工具，这一个小小的服务，就能给消费者带来诸多方便，这也是创造社会效益的一种方式。

从以上的例子中我们能够看到，物流创造社会效益。随着物流的发展，居民的生活环境和生活质量可以得到改善和提高，对人的尊重也会得到更多体现。

物流创造附加价值，主要表现在流通加工方面。比如，把钢卷剪切成钢板，把原木加工成板材，把粮食加工成食品，把水果加工成罐头。又如，名烟、名酒、名著、名画都会通过流通中的加工，使装帧更加精美，从而大大提高了它们的欣赏性和附加价值。

二、物流的分类

虽然社会经济领域中的物流活动无处不在，但由于物流对象、作用、范围和性质各不相同，形成了不同类型的物流。尽管目前还没有统一的物流分类标准，但为了便于研究，可以按照物流系统的经济对象、服务对象、物流活动作用、物流活动的空间范围以及物流系统的性质对物流进行分类。

（一）按照物流的经济对象分类

1. 宏观物流

宏观物流是指社会再生产总体的物流活动，从社会再生产总体角度认识和研究的物流活动。这种物流活动的参与者是构成社会总体的大产业、大集团。宏观物流还可以从空间范畴来理解，具有很大空间范畴的物流活动往往带有宏观性。宏观物流也指物流全体，即从总体看物流而不是从某一个环节来看物流。因此，在物流活动中，社会物流、国民经济物流、国际物流等属于宏观物流。

宏观物流的主要特点是综合性和全局性。宏观物流主要研究的内容是物流总体的构成、物流与社会的关系、物流与经济发展的关系、社会物流系统与国际物流系统的建立和运作等。

2. 微观物流

消费者、生产者所从事的实际的、具体的物流活动属于微观物流，在整个物流活动之中的一个局部、一个环节的具体物流活动属于微观物流，在一个小地域空间发生的具体的物流活动属于微观物流，针对某一种具体产品所进行的物流活动也属于微观物流。企业物流、生产物流、供应物流、销售物流、回收物流、废弃物物流、生活物流等均属于微观物流。微观物流的特点是具体性和局部性。由此可见，微观物流是更贴近具体企业的物流。

（二）按照物流的服务对象分类

1. 一般物流

一般物流是指服务对象具有普遍性，物流运作具有共同性和一般化特点的物流活动。它研究的着眼点在于物流的一般规律，带有普遍的适用性。

2. 特殊物流

特殊物流是相对于一般物流而言的，指在专业范围、专业领域、特殊行业所开展的具有自身特点的物流活动。它的任务是研究这种特定物流的特殊规律，以取得更大的社会效益和经济效益。危险品物流、燃料物流、城市环境物流、建筑业循环物流、自然灾害应急物流、化学品物流、汽车物流等都属于特殊物流。

（三）按照物流活动作用分类

1. 供应物流

为生产企业提供原材料、零部件或其他物品时，物品在提供者与需求者之间的实体流动称为供应物流，也就是物资生产者、持有者与使用者之间的物流。对于工厂而言，供应物流是指生产活动所需原材料、零部件等物资的采购、供应活动所产生的物流；对于流通领域而言，是指在交易活动中，从买方角度出发的交易行为中所发生的物流。企业的流动资金大部分是被购入的物资材料及零部件等占用。供应物流的严格管理及合理化对于企业的成本有重要影响。

2. 生产物流

在生产过程中，原材料、在制品、半成品、产成品等在企业内部的实体流动称为生产物流。生产物流是制造产品的工厂、企业所特有的，它和生产流程同步。原材料、半成品等按照工艺流程在各个生产环节之间不停顿地移动、流转形成了生产物流。如果生产物流中断，则生产过程也将随之停止。

生产物流是否合理对工厂的生产秩序、生产成本有很大影响。生产物流均衡稳定，可以保证在制品的顺畅流转，缩短生产周期。在制品库存的压缩，设备负荷均衡化，也都与生产物流的管理和控制有关。

3. 销售物流

生产企业、流通企业出售商品时，物品在供方与需方之间的实体流动称为销售物流，也就是物资的生产者或持有者到用户或消费者之间的物流。对于工厂，销售物流是指售出产品的物流;而对于流通领域,销售物流是指在交易活动中,从卖方角度出发的交易行为中的物流。通过销售物流,企业得以回收资金,并进行再生产活动。销售物流的效果关系到企业的存在价值是否被社会承认。销售物流的成本在产品及商品的最终价格中占有一定的比例。因此,在市场经济中为了增强企业的竞争力,销售物流合理化是可以收到立竿见影效果的手段。

4.回收物流

不合格物品的返修、退货以及周转使用的包装容器等,从需方返回到供方所形成的物品实体流动称为回收物流。在生产及流通活动中,有一些物资是要回收并加以利用的,如作为包装容器的纸箱、塑料筐、酒瓶等,建筑行业的脚手架也属于这一类物资。还有可用杂物的回收分类和再加工:例如旧报纸、书籍通过回收、分类可以再制成纸浆加以利用;再如金属的废弃物,由于金属具有良好的再生性,可以回收并重新熔炼成有用的原材料。

5.废弃物物流

将经济活动中失去原有使用价值的物品,根据实际需要进行收集、分类、加工、包装、搬运、储存等,并分送到专门处理场所形成的物品实体流动称为废弃物物流。生产和流通系统中所产生的无用的废弃物,如开采矿山时产生的土石、炼钢生产中的钢渣、工业废水,以及其他一些无机垃圾等,如果不妥善处理,那么不但没有再利用价值,还会造成环境污染,就地堆放会占用生产用地以致妨碍生产。对这类物资的处理过程产生了废弃物物流。废弃物物流没有经济效益,但具有不可忽视的社会效益。为了减少资金消耗,提高效率,更好地保障生活和生产的正常秩序,对废弃物资进行综合利用十分必要。

(四)按照物流活动的空间范围分类

1.国际物流

不同国家之间的物流称为国际物流。当前随着国际贸易的不断扩大,国家与国家之间的经济交流越来越频繁,任何国家如果不投身于国际经济大协作的交流之中,经济技术就得不到良好的发展。另外,跨国公司在世界各地不断投资,其经济活动遍布全球,国家之间以及洲际的原材料与产品的流通越来越发达,因此国际物流的研究已成为物流研究的一个重要分支。

2. 国内物流

国家是拥有自己的领土和领空的政治经济实体，它所制定的各项计划、法令、政策都应该是为其自身的整体利益服务的。物流作为国民经济的一个重要方面，也应该纳入国家的总体规划中。我国的物流事业是社会主义现代化事业的重要组成部分，全国物流系统的发展必须从全局着眼，对于部门分割、地区分割所造成的物流障碍应该清除。在物流系统的建设投资方面也要从全局考虑，发挥政府的行政作用，使一些大型物流项目能尽早建成，为经济社会发展服务。

3. 地区物流

地区物流有不同的划分原则。按行政区域划分，如湖南地区、河北地区等；按经济圈划分，如苏锡常经济区、黑龙江边境贸易区等；按地理位置划分，如长江三角洲地区、河套地区等。

地区物流系统对提高该地区企业物流活动的效率，以及保障当地居民的生活具有一定的作用。研究地区物流应根据本地区的特点，从本地区的利益出发，组织好物流活动。如某城市建设一个大型物流中心，显然这对当地物流效率的提高、物流成本的降低、物价的稳定很有作用，但是供应点集中、货车来往频繁会造成废气及噪声污染、交通事故等。因此，物流中心的建设不单是物流问题，还要从城市建设规划、地区开发计划出发，统一考虑，妥善安排。

（五）按照物流系统的性质分类

1. 社会物流

企业外部的物流活动总称为社会物流。社会物流一般指流通领域所发生的物流，是全社会物流的整体，所以有人称之为"大物流"或"宏观物流"。社会物流的一个标志是：它是伴随商业活动发生的，也就是说，物流过程和所有权的更迭是相关的。

就整体而言，可以认为物流科学的主要研究对象是社会物流。社会物资流通网络是国民经济的命脉，流通网络分布的合理性、渠道是否畅通至关重要。因此，必须进行科学管理和有效控制，采用先进的技术手段，保证高效率、低成本运行，这样才可以带来巨大的经济效益和社会效益。物流科学对宏观国民经济的重大影响是其受到高度重视的主要原因。

2. 行业物流

同一行业中的企业是市场上的竞争对手，但是在物流领域中常常互相协作、共同促进行业物流系统的合理化。

例如，日本的建设机械行业提出的行业物流系统化的具体内容有：各种运输手段的有效利用；建设共同的零部件仓库，实行共同配送；建立新旧设备及零部件的共同流通中心；建立技术中心，共同培训操作人员和维修人员；统一建设机械的规格；等等。又如在大量消费品方面采用统一商品规格、统一法规政策、统一托盘规格、陈列柜和包装模数化等。

行业物流系统化的结果使参与其中的各个企业都得到相应的利益。各个行业的协会或学会应该把行业物流作为主要的研究课题之一。

3.企业物流

在企业经营范围内由采购、生产、销售或服务活动所形成的物流系统称为企业物流。企业是为社会提供产品或某些服务的经济实体。一个工厂要购进原材料，或将经过若干工序的加工形成产品销售出去，一个运输公司要按客户要求将货物输送到指定地点……这些都需要借助企业物流。

第三节　物流与社会经济

一、物流的宏观国民经济作用

（一）物流是国民经济发展的动脉

物流对整个宏观国民经济发展的作用表现在多个方面上，它是国民经济发展的动脉、助推器和效益源。

物流通过不断输送各种物质产品，使生产者不断获得原材料、燃料，以保证生产过程的正常进行；又不断将产品运送给不同的需求者，使这些需求者的生产、生活得以正常进行。这些互相依赖的活动是靠物流这条动脉来维系运行的，国民经济也因此才得以成为一个有内在联系的整体。之所以说物流是动脉而不说它是器官，是因为假如一个器官坏了,那么人也许还会生存下去,但如果动脉停止运送血液,人就必然死亡。

(二)物流是国民经济发展的助推器

物流不仅是国民经济发展的动脉,而且对国民经济发展具有重要的促进作用。其一,物流的发展是社会生产规模经济实现的基础。一个企业要上规模,就要有庞大而又广阔的原材料来源市场和产成品销售市场,这在物流发展水平低下的情况下是很难实现的。例如,最初在英国的波特兰地区已经建立了水泥工业,但是生产出水泥之后,由于无法大量地运输,产业发展不起来,直到铁道出现后,创造了物流条件,能够把水泥从波特兰地区运到英国各地,水泥这种专业化、大批量的生产方式才得以形成。其二,物流的发展是社会生产分工发达的基础。社会分工越发达,越能实现专业化生产,越能促进生产力发展。新制度经济学认为,社会分工受交易费用限制,社会交易费用越低,社会分工就越发达。交易费用不仅包括商流费用,也包括物流费用。物流的发展能够带来物流费用的下降,从而带来社会分工的发达。其三,物流的发展是社会资源优化配置的基础。社会资源的优化配置能够提高社会生产力。资源配置是经济体制的核心问题,资源配置不仅要解决生产关系问题,而且必须解决资源的空间布局问题。有时候,并不是某种体制不成功,而是物流发展滞后不能保证资源优化配置的最终实现。

(三)物流是国民经济发展的效益源

关于这一点可以从以下两个方面来理解:其一,物流业已成为国民经济的重要产业。深圳市明确宣布物流产业为国民经济的三大重要支柱产业之一。目前,在荷兰、新加坡、巴拿马、日本等国家,物流在国民经济中已经起到了支柱作用。其二,物流费用的下降还有巨大的空间。物流费用一般具有非生产性质,降低物流费用能够降低社会资源纯消耗,提高 GDP 的质量,促进经济效益和社会效益的增加。目前,我国物流成本占到 GDP 的 18.3%左右,而近年的研究数据显示,欧美、日本等国家物流成本仅占 GDP 的 8%~10%。我国物流成本为发达国家的 2~3 倍,甚至高于一些发展中国家。如果我国物流成本下降到发达国家水平,按目前我国 GDP 计算,每年就能带来 2 万多亿元的效益。

二、物流的微观企业经济作用

（一）物流是企业的生存环境

一个企业的正常运转，必须有这样的外部条件：一方面，要保证按企业生产计划和生产节奏提供和运送原材料、燃料、零部件；另一方面，要将产品和制成品不断运离企业。这个最基本的外部环境正是要依靠物流及与其有关的其他活动创造和提供保证的。

（二）物流是企业生产运行的保证

企业生产过程的连续性和衔接性，要依靠生产工艺中不断进行的物流活动，有时候生产过程本身便和物流活动结合在一起，物流的支持和保证作用是不可缺少的。准确地理解物流的概念，对于正确把握物流的本质，深入研究企业生产运行问题具有重要意义。

（三）物流是企业发展的重要支撑力量

物流是连接企业和用户的环节，整个供应链的水平往往通过物流对客户的服务来实现；对物流系统的改善有利于提高企业管理水平。例如，库存的改善可以使企业管理中的一些隐性矛盾显性化，使人们能及时发现管理问题并予以改进。此外，根据"第三利润源"的理论，降低物流成本可以间接增加企业利润，改进物流管理可以直接取得效益，这些都会有效地促进企业的发展。

三、物流的社会进步作用

通畅的物流会促进人们的思想开放。物流是促进交往的重要手段，会使地方经济与外界交往活跃，增进人们的交往，因而有利于开阔人们的视野，启迪人们的思维，促进人们观念的更新，而这是社会进步非常重要的标志。

通畅的物流还会促进科学技术的进步，加强科学、技术、教育的交流。18 世纪以蒸汽机为标志的技术革命和19世纪以电力为标志的技术革命都以交通运输为起始环节之一，促进了物流的发展。技术革命的新技术首先是在物流发达地区出现的，通畅的物流促进了科学技术的交流，进而提高了科技水平，促进了社会进步。落后地区之所以落后，在某种意义上与"两口"不畅关系密切：一是缺乏先进生产资料和生产要素的"进口"；二是缺乏地方产品和地方资源的"出口"。落后地区很多地方都有孤岛经济特征。"要想富，先修路"，这句话生动表明了重视物流基础设施建设对落后地区开发的重要性。

在现代社会中，虽然计算机、远程通信和大量高速物流手段都已广泛应用，使物流的地区因素作用相对降低，但是，比较发达、发展较快的地区依然是物流条件好、物流畅通的地区，如沿海、沿江、沿铁道线、城市地区的经济发展，就是物流促进社会进步的明证。

第四节　现代物流理念及其特征

一、现代物流的理念

所谓理念，在这里是指作为一项事业基础的最根本的思考方法，具体体现在物流的目的上。现代物流的目的可以从不同的角度去加以阐述：从国民经济的角度看，合理组织物流活动，提高物流活动的效率，有利于降低物流成本，抑制产品价格上涨，发挥物流对流通活动的支援作用；从工商企业的角度看，现代物流的目的是以最小的费用达到对客户服务的最大化，通过物流合理化、效率化程度的提高，降低物流费用，提高企业利润水平；从物流企业经营的角度看，物流的本质是服务，现代物流强调以货主为中心，按照货主企业的物流需求提供适宜的物流服务，促进生产和流通的发展。

从物流装卸搬运作业的技术角度看，物流合理化的重点是作业的省力化。通过作业的省力化将人从繁重的体力劳动中解脱出来，改善劳动环境，实现人的价值的复归，提高人的自身价值。同时，通过提高物流服务水平促进人类生活质量的提高，这也是物流革新的意义所在。

现代物流的理念要体现以人为本的思想,促进人类生活水平和社会福利的提高是现代物流的终极目的。在这个前提下,广泛采用现代物流的组织方式和现代物流技术,提高物流合理化水平,降低物流成本,提供优质的物流服务就成为现代物流管理的基本出发点。

二、现代物流的特征

所谓现代物流,是指具有现代特征的物流。现代物流是与现代化社会大生产紧密联系在一起的,体现了现代企业经营和经济社会发展的需要。在现代物流管理和运作当中,广泛采用了代表着当今生产力发展水平的管理技术、工程技术以及信息技术等。随着时代的进步,物流管理和物流活动的现代化程度也会不断提高。现代化是一个不断朝着先进水平靠近的过程,从这个意义上讲,现代物流在不同的时期会被赋予不同的内涵。

本书对现代物流范围的把握比较宽泛,主要是指物流概念出现以后的物流管理理论与实践。按照这种划分,西方发达国家是在20世纪50年代末、60年代初进入现代物流时期,而中国的现代物流始于20世纪80年代末、90年代初。基于这种认识,现代物流的特征大致可以概括为以下五个方面:

(一)系统化

现代物流是将系统化的思想和管理原则引入物流管理当中,物流本身也被当作一个系统来看待,对构成物流的各项功能实施系统化管理,以期达到物流整体最优化。物流的重要功能活动是运输和保管,但是物流绝不是运输、保管等功能活动的简单叠加,而是通过彼此的内在联系,在共同目的下形成的一个系统,构成系统的功能要素之间存在着相互作用的关系。在考虑物流最优化的时候,必须从系统的角度出发,通过物流功能的最佳组合实现物流整体的最优化目标。局部的最优化并不代表物流系统整体的最优化,树立系统化观念是搞好物流管理、开展现代物流活动的重要基础。

现代物流可以理解为物资的物理流通与信息流通的结合。信息在实现物流系统化和物流作业一体化方面发挥着重要作用。传统物流的各个功能要素之间缺乏有机的联系,对物流活动的控制属于事后控制;而现代物流通过信息功能将各项物流功能活动有机结合在一起,通过对信息的实时把握,控制物流系统按照预定的目标运行。准确地掌握信息,如库存信息、需求信息,可以减少非效率、非增值的物流活动,提高物流效率和增强物流服务的可靠性。

(二)总成本最小化

物流管理追求的是物流系统的最优化,在成本管理上体现为实现物流总成本最小化。物流总成本最小化是物流合理化的重要标志。传统的管理方法将注意力集中于尽可能使每一项个别物流活动成本最小化,而忽视了物流总成本,忽视了各项成本之间的相互关系。物流要素之间存在着二律背反(或效益背反)关系,现代物流管理在控制物流总成本的时候正是基于这种关系的存在。所谓二律背反关系,是指一个部门的高成本会因其他部门成本的降低或效益的增加而相抵消的相关活动之间的相互作用关系。

从系统的观点看,构成物流的各功能之间明显存在着二律背反关系。例如,减少仓库设置的数量可以节省保管费用,但是会因增加了运输距离和运输次数而使运输费用增加,从而有可能使物流总费用水平不但没有降低反而提高;再比如,采用高速运输会增加运输费用,但是运输的迅速化使得库存量降低,从而节省了库存费用和保管费用,最终使物流总费用降低。现代物流建立在物流总成本的意识基础之上,利用物流要素之间存在的二律背反关系,可以通过物流各个功能活动的相互配合和总体协调达到物流总成本最小化的目的。

(三)技术手段现代化

在现代物流活动中,先进的运输、仓储、装卸搬运、包装以及流通加工等手段得到广泛使用。运输手段的大型化、高速化、专用化,装卸搬运机械的自动化,包装的单元化,仓库的立体化、自动化,以及信息处理和传输的计算机化、电子化、网络化等,为开展现代物流提供了物质保证。

现代信息技术、通信技术以及网络技术广泛应用于物流信息的处理和传输过程,可以使物流各个环节之间、物流部门与其他相关部门之间、不同企业之间的物流信息交换传递和处理突破空间和时间的限制,保持实物流与信息流的高度统一和对信息的实时处理。

随着生产和流通空间范围的扩大，为了保证产品高效率的分销和材料供应，现代物流需要有完善的物流网络体系，网络上点与点之间的物流活动要保持系统性、一致性，这样可以保证整个物流网络有最优的库存总水平及库存分布，将干线运输与支线末端配送结合起来，形成快速灵活的商品供应通道。

（四）服务社会化

进入现代物流时代，物流业得到了充分发展，企业物流需求通过社会化物流服务满足的比重在不断提高，第三方物流形态成为现代物流的主流，物流产业在国民经济中发挥着重要作用。

在企业物流管理层面，物流活动的管理不再分散在不同的职能部门，而是由专门的职能部门承担物流管理的职能。随着企业物流管理技术的日趋成熟，物流作为一项基本职能，成为企业管理的重要对象。在宏观物流管理层面，国家加强了对宏观物流管理的协调和领导，由国家发展改革委牵头建立了部际联席会议制度，研究制定物流管理基础物流发展规划和政策，协调解决物流发展中涉及跨行业、跨部门的重大问题，推进物流业健康快速发展。

（五）快速反应化

在现代物流信息系统、作业系统和物流网络的支持下，物流服务适应需求的反应速度加快，物流前置时间缩短，及时配送、快速补充订货以及迅速调整库存结构的能力得到加强。

随着消费者需求的多样化和个性化，物流需求呈现出小批量、多品种、高频率的特点，订货周期变短、时间性增强，物流需求的不确定性提高。物流服务柔性化就是要以客户的物流需求为中心，根据客户的需求，及时调整物流作业的时间、规模和内容，同时有效地控制物流成本。

为了使各种物流要素有效配合，对物流设施、设备、器具、作业方法等应制定统一的标准，并且按照统一的标准组织物流活动，从而提高物流作业效率，加快商品流通速度，保证物流质量，减少物流环节，提高物流管理效率，降低物流成本。

【本章小结】

物流涉及的内容十分庞杂,我们可以从不同角度对物流进行不同的分类,目的是了解和掌握不同物流形式的特点,以便更好地管理。一般地说,以文中五个标准对物流进行划分可以更好地理解物流系统,从事物流活动。

物流是企业价值链的基础活动,是企业取得竞争优势的关键。从企业生存战略角度来看,物流已经成为生产流通企业的"第三利润源",是企业获取竞争优势的重要源泉。

【案例分析】

企业物流现代化启示

为了给企业决策提供依据,保证企业的良性发展,大田集团出资在对外经济贸易大学建立了"大田物流研究中心",通过招标方式对物流运作的各种命题进行研究和探讨。

当时,兼任对外经济贸易大学"大田物流研究中心"主任的大田集团总裁对现代物流有自己的理解,他认为:近几年物流狂潮席卷全国,"物流"已成为当今中国经济界最热门的名词之一,物流应该是企业经营的一种管理理念和方法;其目的是以最低的成本达到客户满意的服务水平;其范围涵盖了企业从采购、生产到销售的全过程,还包括了供应链中从上游到下游直到最终消费者的所有相关活动。面对经济全球化的机遇与挑战,实现传统物流企业向现代物流企业转变的关键,是以国际化标准构建现代信息化物流企业发展的进程。

正是基于对现代物流企业深刻的理论探讨,大田集团目前已步入专业物流同综合物流相结合的发展道路,集快递、空运、海运、仓储于一身,并通过"二次创业",创造了为客户提供服务的规范、快捷、高效操作流程和制度化、标准化的管理系统,既为客户提供了直接、准确、高效的物流服务,又为企业同世界接轨提供了保证,日益向标准化、国际化、信息化发展,实现了从传统物流企业向现代综合性物流企业的转变。

【问题与思考】

(1)大田集团如何实现从传统物流企业向现代综合性物流企业的转变?

(2)针对此案例,你有何感想?

第二章　物流系统

【学习目标】
- 掌握物流系统的内涵、特征与构成。
- 掌握物流系统的分析原则与目标。
- 了解物流发展历程及现代物流发展趋势。

【引导案例】

系统论的核心思想

系统论创始人贝塔朗菲（Ludwig von Bertalanffy）强调，任何系统都是一个有机的整体，它不是各个部分的机械组合或简单相加，系统的整体功能是各要素在孤立状态下所没有的性质。他用亚里士多德的"整体大于部分之和"的名言来说明系统的整体性，反对那种认为要素性能好，整体性能一定好，以局部说明整体的机械论的观点。同时他认为，系统中各要素不是孤立地存在着，每个要素在系统中都处于一定的位置，起着特定的作用。要素之间相互关联构成了一个不可分割的整体。要素是整体中的要素，如果将要素从系统整体中剥离出来，那么它将失去要素的作用。

思考：
（1）你是怎样认识物流系统的？
（2）物流系统有哪些要素？

第一节 物流系统概述

一、系统的含义和基本性质

（一）系统的含义

"系统"这个词来源于古希腊语，有"共同"和"给以位置"的含义。20世纪以来，系统作为一种理念、一门科学，广泛应用于自然界和人类社会的各个领域。因此，人们对系统的定义很不统一，一般可以理解为"系统是为了实现一定目的，由两个或两个以上的要素相互联系、相互作用所构成的具有特定功能的有机整体"。由定义可知：任何一个系统都是由两个或两个以上的要素组成的；并且各要素之间相互联系、相互作用，使系统保持相对稳定；其一经形成，就具有不同于个别要素的整体特征和功能，表现为"1+1＞2"，即整体大于各孤立部分之和；任何一个系统都有一个明确的目的，系统是为目的而存在的；同时任何一个系统都处于另一个更大的系统（外部环境）中，其内部的要素作为一个子系统也可以继续分成多个更小的系统。在现实中，一个机组、一个工厂、一个部门、一项计划、一个研究项目、一套制度都可以看成一个系统。因而，一次具体的物流活动，不是运输和保管等功能的简单相加，而是以信息为中介，由运输、保管等功能构成的有机整体，也是一个系统。

系统无论大小，都由两个或两个以上的要素组成，各要素之间是相互联系、相互作用的，要素之间的结合是为了达到特定的目标。系统具有一定的结构，以保证系统的有序性，从而使系统具有特定的功能，与各要素之间存在对立统一的关系。系统与要素的概念是相对的。系统的性质要以要素的性质为基础，系统规律要通过要素之间的结构来体现，要素的功能可通过其结构转化为系统的功能。

（二）系统的基本性质

第一，整体性。整体性是系统最基本和最重要的特性。系统整体是由其内部各要素构成的，当各要素纳入系统整体后，构成系统整体的各要素在相互联系、相互依赖、相互作用和相互制约的机制下,形成一个综合性的有机系统,产生统一性的综合效应与功能,当其中某个要素不协调或没有统一目标时,就会出现要素间相互矛盾或制约的情况,从而削弱各要素的综合效应与功能,以致影响系统整体的功能与效应。

第二,层次性。层次性是指系统内部由于整体与部分的无限对立所形成的一系列等级以及排列次序,任何系统都是有层次的,一个主系统可以包括若干子系统,子系统又有下一级子系统,而主系统本身又可能包含在更高一级的系统中。

第三,相关性。相关性是指组成系统的各单元要素并不是简单地、杂乱无章地堆砌在一起的,而是在一个系统整体中相互联系、相互作用、相互依存、相互制约的,系统内各单元要素在相互紧密联系中形成一个有机整体。

第四,目的性。一切系统都具有某种特定的明确目标,系统的一切运动和行为都是为了实现这个目标。在一个多层次的系统中,大系统有总的目标,各个子系统不仅要服从总目标,其自身还有自己的分目标,要达到系统的总目标,就必须使系统内的子系统和组成要素相互协调配合,朝着共同的目标努力。

第五,环境适应性。环境适应性是指系统整体存在和发展的全部外界条件的总和,即环境发生变化时,系统的结构、性质、功能也会随之改变,只有这样系统才能适应环境,从而继续存在和发展下去。人们在分析系统要素时,要注意系统整体同环境的相互联系和相互作用。

系统的这五个基本性质不是孤立的,而是相互联系、相互配合的。在分析系统要素时,要同时兼顾系统的这些基本性质及其相互联系,否则就破坏了系统方法的有序完整性。

二、物流系统的概念和模式

物流系统是由物流各要素构成的,各要素之间存在有机联系并具有使物流总体功能合理化的综合体。物流系统是整个经济社会大系统的一个子系统或组成部分。

物流系统既有一般系统的条件,又具有自己的运动规律。

由系统的定义可以推出物流系统的概念:物流系统就是为了实现一定目的,物流各要素相互联系、相互作用所构成的具有特定功能的有机整体。说得更具体一点,物流系统就是为了实现一定目的,在一定的时间和空间内,以物流信息为中介,由运输、仓储、包装、装卸搬运、流通加工、配送等若干相互制约的环节所构成的具有特定功能的有机整体。在这个有机整体中,各个要素、各个环节相互影响、相互作用,在充分发挥各自功能的基础上实现整体最优,即将市场所需的商品在必要的时候按照必要的数量送到正确的需求者手中,也就是以尽可能低的物流成本,取得尽可能高的物流服务效益,使物流系统得到不断发展。

物流系统的模式包括输入、处理(转化)、输出、限制(制约)和反馈等。输入也就是通过提供资源、能源、设备、劳动力等手段对某一系统产生作用,统称为外部环境对物流系统的输入。处理(转化)是指物流本身的转化过程,从输入到输出之间所进行的生产、供应、销售、服务等活动中的物流业务活动称为物流系统的处理或转化,具体内容有物流设施设备的建设、物流业务活动、信息处理及管理工作等。输出是指物流系统与其本身所具有的各种手段和功能对环境的输入进行各种处理后所提供的物流服务,具体内容有产品位置与场所的转移以及各种劳务,如合同的履行及其他服务等。限制(制约)是指外部环境对物流系统施加的一定的约束,具体有资源条件与能源的限制、资金与生产能力的限制、装卸与运输能力的限制、政策的变化等。反馈是指物流系统在把输入转化为输出的过程中,由于受系统各种因素的限制,不能按原计划实现,所以需要把输出结果返回给输入,以进行调整;即使按原计划实现,也要把信息返回,以便对工作进行评价。信息反馈的活动包括各种物流活动分析报告、各种统计报告数据、典型调查、国内外市场信息与有关动态等。

第二节　物流系统功能

一、物流系统的特点

（一）物流系统的目的性和整体性

物流系统的设计，或者将现有的物流结构向物流系统转变，都必须首先明确物流系统的目的。物流系统的目的，就是以尽可能低的物流成本，取得尽可能好的物流服务效果，使物流系统得到不断发展。

物流系统作为运输、仓储、包装、装卸搬运、配送、流通加工、物流信息等子系统按照一定的结构集合而成的一个有机整体，其性质和规律只存在于各组成要素的相互联系、相互作用之中，即整体存在于个别之中；反过来，各个组成部分孤立的特征和活动，它们的总和也并不能反映整体的特征和活动，即物流系统一旦成立，就具有不同于个别要素的新的性质和功能。系统内个别部分的最优并不等于系统整体的最优，只有当运输、仓储、包装、装卸搬运、配送、流通加工、物流信息等子系统相互联系、相互作用，构成了一个有机整体，并发挥其整体功效时，物流系统的目的才能真正实现。

（二）物流系统的相关性和层次性

无论什么样的物流系统，都可以分解成若干个相互联系的子系统，如物资包装子系统、物资装卸子系统、物资运输子系统、物资储存子系统、物资流通加工子系统、物资回收再利用子系统、物资信息子系统、物流管理子系统等。物流系统与子系统之间、子系统与子系统之间都存在着时间和空间及资源利用方面的联系，也存在着总目标、总费用及总运行结果等方面的相互联系。因此，一个系统要素的变化必然会引起其他要素的变化，从而使系统的整个运行状况发生变化。

物流系统的各个子系统又可进一步分成下一层次的系统，如运输系统可进一步分为水运系统、空运系统、铁路运输系统、公路运输系统及管道运输系统等。各个层次的子系统以某种相关性互相联系起来，形成一个既各自发挥作用，又互相约束的有机整体。

（三）物流系统的动态性和环境适应性

任何系统都是其外部环境的一个子系统，它们之间必然不断地进行着物质、能量和信息的交流，系统内部各个子系统之间相互联系、相互作用，实质上也是物质、能量和信息的流动。因此，系统是一个运动着的系统，不同时刻系统的状态和功能各不相同，系统就是在这样的运动中发展的。物流系统也不例外，一方面，物流系统联系多个生产企业和客户，随需求、供应、渠道、价格的变化，系统内的要素及系统的运行也经常发生变化；另一方面，企业经营系统、商流系统、城市规划、环境保护等外部环境因素也会对物流系统产生广泛的影响和制约，外部环境变了，物流系统也会发生相应的变化。因此，要保证物流系统的正常运行，实现特定的目标，就必须协调好物流系统各子系统之间的联系，保证物流、人流、资金流和信息流的畅通无阻，同时要根据外部环境的变化不断调整物流系统的结构和功能，提高其适应环境的能力，尽量减少环境威胁。

（四）物流系统的大跨度性和复杂性

物流系统是一个大跨度系统，主要表现在两个方面：一是地域跨度大，二是时间跨度大。在现代经济社会中，企业间的物流经常会跨越不同地区，跨越不同的国家，遍及全球。同时，企业通常采用储存的方式来解决产需之间的时间矛盾，其时间跨度往往也很大。物流系统的跨度越大，其管理方面的难度就越大，对信息的依赖程度也越高。

物流系统的复杂性也主要表现在两个方面：一是物流系统构成要素本身十分复杂，如物流系统运行的对象——"物"，其品种成千上万，遍及全部社会物资资源，由此涉及大量的流动资金、庞大的从业人员以及遍及城乡各地的物流网点，这些人力、物力、财力等资源的组织和合理利用，是一个非常复杂的问题；二是物流系统各要素之间的关系十分复杂，虽然总的来看这些要素之间是相互联系、相互影响、相互作用的，但其表现形式却千差万别，并且存在着强烈的动态性，每时每刻都不相同。因此，如何收集、处理物流信息，使各个子系统构成一个有机的整体，就成了一项复杂的工作。

（五）物流系统的独特性

物流系统作为一个有机整体，是为了实现特定目标而存在的，但其构成要素之间却存在着二律背反关系,即在物流系统中的运输、仓储、包装、装卸搬运、配送、流通加工各要素之间存在着一种想要较多地达到其中一个方面的目的,必然使另一方面的目的受到损失的现象。这种现象在物流系统中非常普遍:提高物流系统的服务水平,必须以增加物流成本为代价;为了降低库存及费用而采取小批量订货策略,却导致运输次数增加,运输费用上升;简化包装,却使包装强度降低,仓库里的货物就不能堆放过高,从而降低了保管效率和搬运效率;将铁路运输改为航空运输,虽然运费增加了,但运输速度却大幅度提高,而且降低了库存及保管费用;增加仓库容量和提高货物的进出库速度,就要建设更大的库房并实现机械化、自动化等。

由于物流系统各子系统之间存在着二律背反关系,因此必须研究总体效益,使物流系统化。物流系统化就是要调整各个子系统之间的矛盾,把它们有机地联系起来使它们成为一个整体,以尽可能低的物流成本,取得较好的物流服务效果。

二、物流系统的构成要素

(一)物流系统的一般要素

1.人的要素

人是所有系统中占主导地位、起决定作用的要素,在物流系统中也不例外,是保证物流活动得以顺利进行的关键因素。随着经济全球化的发展,企业间的竞争越来越多地表现为人才的竞争,培养人才、招揽人才、留住人才、用好人才是物流企业提高竞争力、建立有效物流系统的根本要求。

2.资金要素

流通本身实际上也是以货币为媒介实现交换的物流过程;企业生产过程中的物流活动,本质上也是资金的运动过程;物流服务的提供需要以货币为媒介;物流系统建设更是需要大量资金。资金是物流系统中不可缺少的一个要素,离开资金要素,物流系统就不可能存在,更谈不上发展。

3.物的要素

物流系统中的"物",是物流系统中所必需的原材料、半成品、产成品、能源、动力以及设施、工具等物质资料的总称。物的要素是物流系统存在和发展的物质基础。

（二）物流系统的物质要素

物流系统的建立和运行需要大量的技术装备手段,这些手段的有机联系对物流系统的运行有决定意义,这些要素对实现物流的某一方面的功能也是必不可少的。物流系统的物质要素主要有以下四点：

1. 物流设施要素

物流设施是组织物流系统运行的基础物质条件,包括物流站、场,物流中心、仓库,物流线路,以及建筑、公路、铁路、港口等。

2. 物流装备要素

物流装备是保证物流系统运行的条件,包括仓库货架、进出库设备、加工设备、运输设备、装卸机械等。

3. 物流工具要素

物流工具也是物流系统运行的物质条件,包括包装工具、维护保养工具、办公设备等。

4. 信息技术及网络要素

信息技术及网络是掌握和传递物流信息的手段,在现代物流系统中发挥着日益重要的作用。不同的物流系统需要选择不同的信息技术水平,根据所需信息技术水平的不同可以决定包括通信设备、传真设备、计算机及网络设备等的水平。

（三）物流系统的支撑要素

物流系统的建立需要有许多支撑手段,尤其是处于复杂的社会经济系统中,要确定物流系统的地位,协调与其他系统的关系,这些要素必不可少。

1. 体制、制度

物流系统的体制、制度决定物流系统的结构、组织、领导、管理方式。国家对其控制、指挥、管理的方式等是物流系统的重要保障。有了这个支撑条件,物流系统才能确立其在国民经济中的地位。

2. 法律、规章

物流系统的运行不可避免地会涉及企业或人的权益问题。法律、规章一方面限制和规范物流系统的运行,使之与更大的系统协调一致；另一方面保障物流系统的有效运行,如物流活动中合同的执行、权益的划分、责任的确定等都靠法律、规章来维系。

3.行政、命令

物流系统和一般系统的不同之处在于物流系统关系国家军事、经济命脉和经济发展基础,所以国家和政府的行政、命令等手段也常常是支持物流系统正常运转的重要力量。

4.标准化系统

标准化系统是保证物流各环节协调运行,保证物流系统与其他系统在技术上实现平滑连接的重要支撑条件。

5.组织及管理

组织及管理是物流系统的"软件",起着连接、调运、运筹、协调、指挥其他各要素以保障物流系统目的实现的作用。

(四)物流系统的功能要素

物流系统的功能要素指的是物流系统所具有的基本能力,这些基本能力有效地组合、联结在一起,便成了物流的总功能,总功能的构成便能合理、有效地实现物流系统的总目的。物流系统的功能要素一般认为有运输、储存保管、包装、装卸搬运、流通加工、配送、物流信息等。

1.基本物流环节

如门到门运输、储存保管、配送等这些要素分别解决了供给者与需求者之间场所和时间的分离问题,其主要功能是创造空间效用和时间效用,在物流系统中处于主要功能要素地位。

2.商务附加价值

伴随物流而发生的订货、结算、单证处理、财务服务等,如有一些物流中心或配送中心兼具一些商流功能,这些功能会为企业带来商务附加价值。

3.劳动服务价值

物流系统需要劳动服务,如包装、装卸搬运、流动加工、分拨等,这些劳动服务追加了商品价值。

4.信息服务价值

信息服务价值,是指对内、对外的各种物流信息服务,这些信息同样会给企业带来价值。

第三节 物流系统分析

一、物流系统分析的原则

物流系统分析所涉及的问题范围很广，如搬运物流系统、系统布置、物流预测、生产与库存等各种信息，要应用多种数理方法和计算机技术，这样才能分析比较实现不同物流系统目标和采用不同方案的效果，为系统评价和系统设计提供足够的信息和依据。任何系统都是由多个要素构成的，具有一定的结构和功能，是既受外部环境影响，又受内部因素制约的整体。因此，在对物流系统进行分析时，要注意好以下四个方面的结合：

（一）外部条件与内部条件相结合

物流系统是流通领域的一个子系统，它不是孤立的封闭系统，而是与社会环境紧密联系的开放系统，受外部社会经济、政策以及科学技术等多方面的制约，并随需求、供应、价格等因素的变化而变化。从内部来看，物流系统也会受物流各功能要素的影响和制约。因此，在进行物流系统分析时，既要注意对外部环境进行分析，也要注意对系统内部各要素的协调，对系统内外的关联因素进行综合考虑，以使物流系统在一定的环境中高效运行。

（二）当前利益与长远利益相结合

所选择的物流方案，既要考虑目前的利益，又要兼顾长远利益。只顾当前不顾长远，就会影响企业和社会的发展后劲；只顾长远不顾当前，就会挫伤企业的发展积极性。只有方案对当前和将来都有利，才能使系统具有生命力。

（三）子系统与整个系统相结合

物流系统由多个子系统组成，但并不是所有子系统都是最好的整个系统才是最好的，而应是以整体系统最好作为评价标准，只有当它们以能发挥最大功能组合在一起并且使整个系统最佳才是最好的。就像一辆汽车，如果整车的年限为 10 年，而轮胎的年限即使有 20 年，其作用也只有 10 年，而当所有的汽车零配件的使用年限最为接近，使整个汽车（相当于整体系统）的年限最长才是最佳。

（四）定量分析和定性分析相结合

当分析系统的一些数量指标时，采用定量分析的方法有利于使系统量化，便于根据实际确定对策（如车辆发车的时间间隔、仓库的大小适宜度等）；当分析那些不能用数字量化的指标时（如政策因素、环境污染对人体的影响等），宜采用定性分析的方法，这样可以少走弯路、节省成本。

二、物流系统的目标

物流系统是具有明确目的和特定功能的系统，它的目的就是以尽可能低的物流成本，取得较好的物流服务效果，使物流系统得到不断发展。概括地说，物流系统的目的就是实现物流合理化。物流系统的目的又可分解成以下五个方面的具体目标：

（一）服务性目标

物流系统的本质要以客户为中心，树立"客户第一"的观念。物流系统作为连接生产与再生产、生产与消费等的桥梁、纽带，其本身不生产产品，其"客户第一"的观念主要体现在对客户的服务上，服务水平如何，直接决定着物流系统的质量和效益，决定着物流系统的生存和发展。因此，服务性目标是物流系统所要达到的一个主要目标。具体来说，服务性目标就是指物流系统向客户提供的各种服务，包括提供多种信息、及时反馈信息、及时送货、准确配送、无缺货、货物损伤和丢失现象，且费用低等。近年来出现的"准时供货方式""柔性供货方式"等，就是物流系统不断提高其服务性的表现。

（二）快捷性目标

快捷性目标也叫速送性目标，或者快速、及时目标，是指按照客户要求的时间、地点、数量、质量，把货物准时送到。快捷性是服务性的延伸，是客户的要求，其运行结果如何,直接关系着客户的满意程度,并最终关系着物流系统的经济效益。为此,有必要在物流系统中设立快速反应系统:快捷的配发货系统,快捷灵活的运输系统,有效的库存管理系统,自动化的分拣、理货系统,快捷灵活的订货、收货系统,方便、灵活、及时的信息服务系统等。这样做,可以从根本上保证快捷性目标的实现。

（三）安全性目标

安全性目标包括物流作业的安全性、信息系统的安全性及其他方面的安全性（如防盗、保护人身安全等）。物流作业的安全性要求尽量保证货物在运输过程中的安全,在装卸搬运过程中的安全和在仓储阶段的安全,尽可能地减少客户的订货断档。信息系统的安全性则包括:操作系统的安全性、防火墙系统的安全性、操作人员及内部人员的安全性、内部网客户的安全性、程序的安全性、数据库的安全性等。

（四）规模化目标

物流系统实行物流规模化,是为了追求物流系统的规模效益。生产领域的规模效益非常明显,这是整个社会公认的。而在流通领域,特别是物流系统中,由于其稳定性差,因而难以形成标准的规模化格式,使得规模效益不那么明显。但事实上,随着信息技术和管理手段的日益增多和充分运用,物流系统也是可以实现规模化的。节约是经济领域的重要规律,在物流领域也不例外。随着区域经济的发展,城镇建设、道路建设用地紧张的现象非常突出,地价不断上涨。这必然大大增加物流的成本,因为物流系统对面积和空间的依赖程度非常高。在这种情况下,要真正发掘出"第三利润源",就要靠节约面积和空间的投入来实现。为此必须做到:审慎地进行物流选址,提高规划用地的效率;发展立体化设施和有关物流机械,推行集约化经营方式;采取各种节约、省力、降耗措施,实现降低物流成本的目标。

物流系统的规模化涉及如下问题:如何规划物流设施的集中与分散,规划中的货运枢纽站场能否与现有物流设施兼容、协同运作,货运站场、配送中心、仓库的分布数量与规模大小,怎样对各种物流要素进行合理配置以达到最佳系统状态等。

（五）库存控制目标

库存控制是及时性的延伸,也是物流系统本身的要求,它涉及物流系统的效益。物流系统通过本身的库存,对众多生产企业和消费者的需求起到保证作用,从而创造一个良好的社会外部环境。同时,物流系统作为国家进行资源配置的重要一环,其库存控制目标的实现必须考虑国家进行资源配置、宏观调控的需要。库存控制的具体内容包括确定库存控制方式、库存数量、库存结构和库存分布,努力协调仓库、物流设施、物流中心或运输枢纽中的仓储功能与库存控制功能之间的关系等。

要实现以上物流系统的目标,就需要把从生产到消费过程的货物量作为一贯流动的物流量来看待,依靠缩短物流路线、物流时间,使物流作业合理化、现代化。

三、物流系统的合理化

(一)物流合理化的概念

物流合理化是物流管理追求的总目标,是物流系统的目的所在,其具体表现为以尽可能低的物流成本,取得较好的物流服务效果。

要实现物流合理化就必须使物流系统化。物流系统化就是把物流活动的各个环节联系起来作为一个物流大系统进行整体设计和管理,以最佳的结构、最好的配合,充分发挥其整体功能和效率,实现物流合理化的过程。由此可以看出,物流合理化是物流系统化的目的所在,物流系统化为物流合理化创造了条件,即物流系统化是手段,物流合理化是目的,二者是相辅相成的。

(二)物流合理化的意义

物流合理化是提高客户服务水平的根本途径。在物流系统的各个环节中,每一个环节都与客户服务水平相关。物流过程中一旦出现诸如货物不能及时到达、在仓库中找不到货、包装太差、货物大量损坏等情况,客户的满意度就会大打折扣。物流合理化把物流服务效果放在第一位,先有优良的物流服务效果,然后才有低成本的追求。这就从根本上保证了物流系统各个环节的客户服务质量。

物流合理化可以提高物流效率,节约商品流通时间,加速资金周转。从某种意义上讲,市场经济就是时间经济、效率经济。随着市场竞争的加剧,企业对物流效率的要求越来越高,如要求多批次、小批量、勤进快出、快节奏、高效率等。通过提高物流效率,如缩短商品待运期，减少商品在途时间，提高商品装卸、分拣作业效率等，可以大大缩短商品在流通领域里的停留时间，减少资金占用，加速资金周转。

最后，物流合理化可以保证物流各个环节的平衡发展，确保企业经营活动的正常运转。

（三）物流合理化的内容

1.物流实体网络的合理化

物流实体网络的合理化主要是指物流节点和物流线路配置的合理化。节点和线路的连接关系，形成物流系统的空间配置，它在很大程度上决定着物流的流向和流程，从而决定着物流系统的效率。物流网络的配置要受很多主客观因素的制约，主观因素主要有行政区划、经济政策和经济发展规划等；客观因素主要有资源分布、产业结构、供给和需求状况、技术条件、地理以及自然环境等。以上因素实际上就是物流系统的环境条件。物流实体网络合理化要求在现有的环境条件下，合理地安排节点和线路分布的比例关系，以最少的物流费用，为客户提供最满意的服务，取得最佳的社会经济效益。

2.物流过程的合理化

物流实体网络的合理化，只是在空间配置上为物流合理化提供了条件，而要有效地利用物流网络，实现流向、流量、流程和各项物流功能的优化，则需要物流过程的合理化。物流过程的合理化，首先要求对运输、仓储、包装、装卸搬运、流通加工、配送等各个单项活动进行优化管理，使各个环节的物流功能得到有效发挥。这是物流过程整体合理化的基础，单项活动不优化，整体也不可能合理。在单项活动优化的基础上，就要对运输、仓储、包装、装卸搬运、流通加工、配送等各个单项活动进行协调管理，使它们达到最佳结合，使整个物流过程合理化，提高整体效益。

3.物流技术现代化

物流技术是物流活动中有关专业技术和物流设备、设施的总称。物流技术水平直接关系着物流活动各项功能的实现，是实现物流系统合理化的物质基础。物流技术现代化包括工具设备的现代化、节点（设施）的现代化、线路的现代化和信息网络的现代化等。

工具设备的现代化要求在物流过程中使用大吨位、高速度、专用性的车辆、船舶、飞机等，配置新型装卸机械、自动化包装设备、自动化分拣设备、自动化仓库设备、电子化信息处理设备等；节点（设施）的现代化要求建设大型物流仓库、大型物流中心以及共同运输、共同配送、共同保管的共同设施等；线路的现代化要求在不断改造现有线路的基础上，大力发展高速公路和高速铁路的建设，开辟新的空运、水运线路等；信息网络的现代化则要求充分利用最新的信息网络技术，建立健全物流信息系统，如及时高效的物流管理系统、运输规划系统、订货管理系统、物流运作决策支持系统等。总之，物流技术现代化，能充分发挥物流系统的功能，极大地提高物流效率，使物流系统不断地向现代化方向发展。

另外，从物流范围来看，物流系统合理化应包括微观物流的合理化和宏观物流的合理化。微观物流的合理化是一个企业或者若干企业共同构筑的物流系统的合理化。宏观物流的合理化是一个国家或地区的物流系统的合理化。微观物流合理化对企业组织高效率的物流，满足生产和营销的要求具有重要意义。微观物流是宏观物流的组成部分和基础，没有微观物流的合理化，也不会有宏观物流的合理化。但是，整体并不是局部的简单相加，局部的合理并不意味着整体的合理，在物流上尤其如此。一个企业物流系统的配置，甚至一个地区物流系统的配置，从局部利益看可能是合理的，但是从社会的角度，从国民经济整体来看，则不一定是合理的。因此，微观物流合理化必须服务于宏观物流合理化的需要，局部的物流系统必须融合在国民经济总的物流系统中，以此实现微观物流合理化与宏观物流合理化的有机结合，达到总效益的最佳。

（四）物流合理化的方式

现代物流系统已不再局限于工厂、仓库、客户的范围，而是涵盖了供产销的全过程。因此，物流合理化的方式一般包括三大类：供应物流合理化、生产物流合理化和销售物流合理化。下面重点介绍其中的十种具体方式：

1. 联合进货

现代企业从事生产所需的物资不仅数量、品种、规格、型号繁多，供应来源也广，因此在物料采购时，有必要改变过去那种分散购买、各自进货的做法，应根据企业生产经营的用货需要和进货要求，采取联合进货方式，由运输单位（第三方）实行有组织的配货、送货，这样既可使企业的物流批量化，又可以提高运输单位配送车辆的效率和进货工作效率。例如，为了促使企业联合进货，美国制定了这样的规定：以整车为单位进行交易时，其物流费由卖方负担，非整车交易时物流费则由买方负担。

2. 一体化供货

该方式要求物料供应时必须将供运需（供应方、运输方、需求方）联结成一个统一整体，以生产部门的需要来决定物料的运输和供应，其具体做法是：物资供应厂商按照企业生产、工艺和设备要求，签订供货合同，实行定品种、定质量、定数量、定时间送货上门，运输部门则按供货合同承担送货任务，按确定的时间将物料送达规定地点。这种供运需一体化供应方式有利于缩短供应物流时间，减少物流费用。

3. 合理化产品设计

它是指在产品设计时，要充分考虑到单个产品的形态、大小、重量以及产品组合的包装形式、重量、大小等，以有利于运输、保管等物流功能的发挥。具体方式包括：在形态设计上使产品易于包装、保管和搬运，产品大小适当，以降低包装运输成本；在生产设计上应考虑原材料、配件、半成品、产成品在工序、车间和仓库间的流转问题，使其省时、省力、连贯化、自动化和均衡化；在包装设计上应考虑如何使包装样式有助于充当"不说话的推销员"，如何在装卸、保管、运输过程中既保护商品又使物流费用降低、效率提高，如何使包装在生产—装卸—运输—保管—发放一体化过程中充当好"串台角色"等。

4. 制造工序"以产定供"

在企业生产系统中，物料流转贯穿加工制造过程的始终。减少物料搬运的数量、频率和距离，减少物流费用，降低成本，防止物料损坏丢失，保证畅通无阻的物料流转，是物流合理化在生产过程中的基本要求，必须高度重视。制造工序"以产定供"正是实现上述要求的最有效的方式。该方式来源于日本丰田汽车公司生产供应系统的看板生产方式，其主导思想是力求压缩生产过程中的库存，减少浪费。具体做法是：以市场上可能售出的汽车数量作为从工厂最后生产工序中出厂的汽车数量，以此信息为基础，最后生产工序向前一道生产工序提出所需物料清单，最后生产工序需要多少前一道工序就供应多少，这样依次向前传递，就改变了过去前道工序的产品全部流入后道工序，多余半成品和配件大量积压的情况；同时减少了不必要的搬运，很好地实现了物流合理化。实际上，这是一种小批量、高效率、迅速准时供货的合理化生产管理方式。

5. 计划输送

计划输送即以销售计划为基础，按规定渠道把一定量的货物送达指定地点。该方式要求在物流活动开始之前，就对未来将要发生的物流制订出最优的计划方案，实行固定路线、固定地区、固定日期的送货作业，做到按客户的要求，准时、准地、有计划地送货到家，减少无效运输，以使客户满意。

例如，对某些季节性产品，可能出现运输车辆过剩与不足，或装载效率下降等影响物流效率的问题。为了调整这种波动性，可以事先同买主商定进货时间和数量，制订出配送计划，使生产方按计划供货，货物装车和货物运输配送等物流活动都可按计划进行。日本啤酒行业广泛应用这种方式，并称之为"定期定量直接配送系统"。

6. 大量化

随着信息技术的发展，预测手段及工具的更新，企业可以对货物的流量和流向进行有效预测，延长备货时间，以减少运次，增加单次运输量，来组织物流合理化。日本家用电器工厂把"当日配送"改成"次日配送"就属于这一类。为了鼓励运输大量化，实行"大量（集装）发货减成收费制"，因实行物流合理化而节约的金额由双方分享。采用大量化的方式，可通过装卸机械化，大大提高货物的装卸效率；由于批量的增大，可以大大降低单件货物的流动成本；可以克服需求、运输和生产的波动性，简化事务处理。该方式适用于家用电器、玻璃、洗涤剂、饮料等行业。

7. 商物分流

商物分流是指将流通中的商业流通和实物流通分离，让其各自按照自己的规律和渠道独立运动，其具体做法之一就是订货活动与配送活动相分离。在配送过程中，把自备卡车运输与委托运输联系起来，提高运输效率。此外，还可以把商业设施与物流设施分离开来，如把同一企业所属的各销售网点的库存功能分离出来，实行集中统一管理，在物流上最理想的地点设立仓库，以压缩流通库存，集中发送，解决交叉运输问题，减少中转环节。

实行商物分流，把企业的批发和零售交易从大量的物流活动中分离出来，有利于销售部门集中精力搞好销售，有利于实现物流效率化和系统化。该方式适用于纤维、家用电器、玻璃等行业。

8. 差别化

该方式要求根据商品流转快慢和销售对象规模的大小，将原有仓库划分为两个区域，一个是配送中心，另一个是库存中心。配送中心只存放有物流服务必要的库存，主要功能是面向客户专门从事出库业务，这样物流作业的效率会得到显著提高。库存中心则用来放置积压库存、出库频率低的库存以及超出需要的过剩库存，其功能有两个：一是将多余库存隔离开来，避免对物流作业效率产生负面影响；二是作为储备库存，及时为配送中心备货并补充库存。

9. 共同化

共同化是物流合理化的最有效措施，包括物流配送共同化、物流资源利用共同化、物流设施与设备利用共同化以及物流管理共同化等，物流资源是指人、财、物、时间和信息，物流的设施及设备包括运输车辆、装卸机械、搬运设备、托盘和集装箱、仓储设备及场地等，物流管理是指商品管理、在库管理等。共同化的方式有两种：一个是行业内部组合而形成的垂直方向的共同化，该方式可以充分提高集团企业内部的物流效率，如实行同类商品共同保管、共同配送；另一个是跨行业企业之间联合而形成的水平方向的共同化，以此来解决两个以上产地和销售地点相距很远而又交错运输的企业如何加强合作以提高装载效率、压缩物流设施投资的问题。例如，长途运输车辆空载和设施共同利用等问题的解决，就是共同化的结果。共同化方式可以大大压缩投资成本，提高装载效率，使物流管理社会化，这种方式被广泛应用在家用电器、食品、药品等行业。

10. 标准化

物流系统是一个有效运行的有机整体，涉及多个企业、多个部门、多个环节，要保证其相互衔接、相互配合，就必须以标准化为基础。标准化包括：物流系统各类固定设施、移动设备、专用工具的技术标准化；物流过程各个环节内部及之间的工作标准化；物流系统各类技术标准之间、技术标准与工作标准之间、物流系统与其他相关系统之间的配合要求标准化；物流信息的标准化；等等。

实行标准化，可以节省拣选、配货等环节的人力，使订货处理、库存管理等非常方便，这种方式已被广泛应用于食品、文具、化妆品等行业。

通过以上分析，可以看出物流合理化的实现是一个系统工程，它涉及物流的各个方面，需要考虑企业内部因素，同样也需要考虑外部因素。各种物流方式的选择既要遵循物流设计的原则，也要考虑企业的定位、品牌形象、销售政策以及物流各要素与物流成本和服务质量之间的关系。因此，对某一个具体企业而言，可以选择符合自己企业实际情况的合理化物流方式；但对所有企业而言，不存在统一的合理化物流方式，各企业必须根据自身的实际情况设计合理化物流方式，形成本企业的核心竞争优势。

第四节 物流发展历程及现代物流发展趋势

一、物流的发展历程

从 20 世纪初至今,社会物流与企业物流都有了很大发展,但由于各国经济环境的不同,它们的物流的发展和管理模式也有所不同。总的来说,物流发展过程大致经历了实体分配阶段、综合物流阶段和供应链管理阶段。

(一)实体分配阶段

最早对物流的研究,在整个经济活动中仅局限于销售范畴。随着市场环境的改变,即由卖方市场变为买方市场,生产企业不得不把注意力集中到产成品的销售上。这一阶段,物流管理的特征是注重产成品到消费者的实体分配环节。

(二)综合物流阶段

20 世纪 60 年代至 90 年代,随着国际经济一体化的发展,全球性的经济竞争加剧,企业只有不断采用新的物流管理技术,才能立于不败之地,并使企业认识到把物资管理与实体分配结合起来,即把物流系统中的各个环节作为统一的连续过程,才能更有效地运作和大大提高效益。物资管理与实体分配的结合是这一阶段的特征。

(三)供应链管理阶段

20 世纪 90 年代至今,由于一系列外部因素的变化,特别是许多大型跨国公司开始把着眼点放在物流活动的全过程,包括原材料的供应商和制成品的分销商的整个生产和流通过程,这就形成了所谓的供应链或物流管道。供应链管理是指全过程中的一切相关活动及其信息系统的综合管理。供应链或物流管道方法对节省成本、压缩订货周期、提高资金利用率和提高服务水平具有很大的潜力。

物流发展各个阶段的特点如表 2-1 所示。

表 2-1 物流发展各个阶段的特点

项目	社会发展特点	经济发展特点	物流发展特点	物流学科发展特点
第一阶段：20世纪初至50年代	工业化时期，大多数欧美国家陆续进入工业化社会	制造业发展迅速，社会分工不断细化	物流发展规模小，渠道不畅，成本高，其作用未受到应有的重视	从经济学角度建立了物流学科的实体分配；"二战"期间，从技术角度确立了物流学科的地位
第二阶段：20世纪60年代至90年代	世界各国大都采用了"大量生产—大量销售—大量废弃"的社会发展模式	制造业的大规模化与零售业的大规模化并举	物流产业逐步形成和壮大，多品种、少批量的配送成为这一阶段主要的物流形式	各国对物流的认识开始由实体分配转向物流，第三方物流理论的出现确立了物流产业
第三阶段：20世纪90年代至今	网络化时代到来	经济全球化、一体化，知识经济初露端倪	发展到供应链管理阶段	支撑物流学科发展的物流经济学科、物流管理学科、物流技术学科初步形成理论体系，综合性的物流学科正在发展

物流及物流学科的产生是经济发展到一定时期的产物。各个阶段物流的发展特点是与同期社会经济发展的特点相适应的。因此，政府或者企业在进行物流规划、管理及制定物流政策时，决不能脱离当时的社会经济发展实际。在物流科学研究中，也应该注意分析社会经济发展对物流发展的影响及物流在社会经济发展中的作用。物流科学的研究成果很快在经济领域取得了显著成就，物流科学被认为是最有生命力的新学科之一。

互联网技术为供应链的所有环节提供了强大的信息支持，生产者、最终消费者和中间经营者都能够及时地了解供应链的全部动态。也就是说，供应链具有了更好的透明度，在供应链中，任何多余的环节、不合理的流程与作业都能被及时发现。特别是由于互联网提供的信息支持，供应链中原有的多余环节将被消除，因此供应链将变得更紧凑。供应链的这种变化直接影响了企业的经营与发展战略；同样，企业的经营与发展战略也给物流业带来了很大的变化。以往商品要经过制造、批发、仓储和零售各环节间的多层复杂途径，才能最终到达消费者手里。而现代产品流通已简化为可以由制造业经配送中心直接送到各零售点。互联网技术提供的信息共享技术，为加强供应链管理、改善供应链物流系统提供了有力的支持。

互联网时代信息技术的应用改变了企业的管理系统,指令的逐级下达和信息的逐级上报模式将被各级网络直接连通的模式所代替。这将引起企业组织从金字塔结构向扁平结构转变。由于物流企业具有业务流程长、活动范围广、外部环境变化多、涉及企业多等特点,物流企业现代化对信息技术的需求更为迫切。

二、现代物流发展的趋势

现代物流业存在于国民经济体系之中,但又具有区别于其他产业门类的独特产业特性,它是一个复合产业,依附于其他产业,并具有明显的外部性,这些产业特性必然使物流业的发展有着个性化的独特趋势。随着产业环境、服务对象以及产业自身的发展变化,现代物流在以下方面正呈现出许多新的发展趋势:

(一)产业布局

新的物流中心伴随产业转移而兴起,而现代物流先进的管理模式首先是从经济较为发达的地区发展起来的。在这些地区,随着产业规模的扩大、分工细化,要求物资在生产、流通和消费环节之间更为顺畅地流转。在需求的引导下,现代物流逐渐发展并成熟起来,一些大的物流中心也在这些地区逐渐形成。但是,产业的积累也使这些地区的土地、原材料及劳动力等生产成本不断上升,资源约束也日益凸显,于是,大批产业特别是对原材料、劳动力投入量较大的制造业开始从这些地区转移出来,而承接这些产业的基本都是经济欠发达的、拥有大量廉价原材料和劳动力的地区。

以制造业为主的这些地区转移产业生成的物流量巨大,对物流服务需求旺盛,因此产业的转移必然引起物流中心的转移。海运是国际物流最主要的载体,20世纪90年代以前,全球的大型港口主要集中于欧洲和北美,但近些年来,亚洲的港口以惊人的速度成长起来。如今,全球最繁忙的集装箱港口和远洋运输大都集中于亚洲和太平洋地区,这些港口绝大多数都是具有综合物流功能的第三代港口。从此,出现了以这些港口为核心,整合其他运输方式,拓展各种物流服务功能的新兴的国际物流中心,同时又通过国际航线的延伸和信息的交汇构筑了覆盖全球的物流网络。

由于国际的产业转移是发生在国与国之间的,发达国家转移出来的产业首先落户于发展中国家区位条件相对较好、物流环境相对完善的地区，而这些地区会因为承接了转移产业而使经济发展加速，同时本地产业也依靠外来资金和技术的注入而迅速成长起来。因此，发展中国家的经济发达地区产业达到饱和所经历的时间一般要比发达国家短，由此也加速了产业二次转移的进程，即从发展中国家的经济发达地区转向相对落后地区。伴随着产业的二次转移，新的物流中心又会在承接产业二次转移的地区兴起。

（二）产业分工

物流产业由水平分工转向垂直分工。物流业是一个复合产业，它是在运输、仓储、包装、加工等多个传统产业的基础上整合发展而来的。过去物流产业内部分工一般是水平横向的，即按照功能进行划分，而物流供应商也是运输企业、仓储企业、配送企业、装卸公司等这些具有单一功能的传统物流企业。但是，随着现代物流理念的发展，整合了各种物流服务功能的现代物流服务模式也应运而生，并且逐渐取代了传统物流服务模式的主体地位。物流服务主体也由功能单一的运输、仓储等传统物流企业，发展到具备运输、仓储、配送、加工等多种服务功能的综合物流企业，物流产业水平分工的界限变得越来越模糊。

与此同时，物理需求时间和空间跨度的不断加大促使物流网络不断扩大，物流服务范围不断扩大，而"门到门""JIT（准时生产）"等物流服务理念的产生又要求物流服务的专业化水平和运作精度不断提高。在这种情况下，很少有物流供应商能够在构建覆盖全球的物流网络的同时又在所有网点建立起综合各种功能的物流服务企业，再加上不同国家物流市场准入条件的限制，物流企业独立建立纵向的经营链条难度很大。因此，物流产业只能依靠垂直分工来整合和完善整个系统，形成国际物流、区域物流、国内物流乃至地区物流的垂直层次结构。如今，许多跨国物流集团与当地物流企业之间就建立起了这种垂直纵向分工关系，这些大的集团布设了覆盖全球的物流网络，但在许多物流节点上都采用或部分采用了向当地物流企业购买服务的方式展开物流活动。这种垂直产业分工模式既降低了大集团开辟新市场的门槛和风险，也充分利用了当地资源，拓展了小企业的生存空间，是双赢之举，也有利于物流产业的健康发展。

（三）运营模式

最原始的物流形态是企业自办物流，即生成和销售企业自己拥有运输工具、仓库堆场、装卸机械等物流设施设备,并且这些设施一般只为本企业服务。随着物流业的发展,出现了企业间的联合配送,之后又出现了第三方物流,物流开始走向社会化,物流服务供应商和服务对象逐渐分离。但由于第三方物流企业一般都拥有一定数量的物流硬件设施设备,因此在这个阶段物流产业还维持着硬件与软件管理一体化的状态。

现代物流的进一步发展产生了第四方、第五方物流,即专门提供物流方案和进行物流人才培训的企业或机构。虽然该划分方法在学术界还存在争论,但是应该看到,那些不依托或者不完全依托物流硬件设施设备的物流服务提供者或参与者在产业内开始涌现,并且其市场份额在逐渐扩大。这种类型的物流服务供应商本身不拥有物流设施设备,但他们会为所服务的企业制订完整的物流方案,然后利用社会物流资源实现方案。还有一些第三方物流企业也在向这一方向发展,它们保持甚至减少自有物流设施设备的规模,与此同时整合社会物流资源服务于自身,也就是变"拥有"物流硬件为"控制"物流硬件。

物流产业内"软"的管理、设计与"硬"的设施设备相分离,使产业分工更加明晰,提高了服务的专业化程度和服务水平,并且能够加速市场发育和产业升级,这一物流产业新的发展趋势在未来会更加明显。

(四)产业驱动力

物流的经济效益与社会、环境效益趋于一致。传统物流业发展模式将物流作为一个相对独立的系统,这样就使物流具有明显的外部成本和外部效益。在传统发展模式下,物流产业对资源占用、能源消耗只需付出极低的价格,对环境污染的补偿十分有限,甚至无须补偿,这就造成了物流产业的外部成本;而物流企业通过采用先进手段、设施设备提高物流效率和服务质量,节约了资源并保护了环境,企业加大了内部的成本投入,但获益的是物流服务对象和全体社会成员。如果在无序竞争的状态下,物流企业得不到合理的补偿和回报,就会造成外部效益。物流业的成本与效益独立于社会、环境系统之外,而企业具有逐利性,因此必然以牺牲社会利益为代价追求自身经济效益的最大化。

但是现代物流理念已经意识到物流业是一个独立地位较弱的产业,它不能独立地创造价值,只能依附于其他产业创造附加值,物流服务的提供者和接受者之间由竞争关系转变为合作关系,成为利益共同体,这样物流服务提供者就必须充分考虑服务对象的需求和利益。此外,现代物流始终追求系统整体效益的最大化,而这个系统不仅限于各个功能组成的内部系统,而是涉及由物流连接的整个供应链系统及其所在的社会和自然环境大系统。伴随"绿色物流"理念在全球的推广,高消耗、高污染的传统物流业发展模式将受到限制或付出高昂成本;同时,"服务更好"而不是"价格更低"的物流企业将在市场中获得更加有利的竞争地位和更加合理的回报,物流业的外部成本与外部效益都将逐渐内部化。现代物流理念的进化推动了产业发展模式的转变,产业回报与社会、环境效益将在共同的利益基础上推动现代物流业健康、快速、持续发展。

【本章小结】

系统是由相互作用和相互依赖的若干要素结合而成的具有特定功能的有机整体。物流系统由有机联系的物流要素组成,具有大跨度性、动态性、可分性、复杂性、多目标性等特征,对物流系统的科学设计是实现整体物流合理化的必要基础。在分析物流系统时,要坚持做到外部条件与内部条件相结合、当前利益与长远利益相结合、子系统与整个系统相结合、定量分析和定性分析相结合。

【案例分析】

沃尔玛的"第二方物流"

20世纪90年代,沃尔玛提出了新的零售业运作理论,开创了零售业工业化运作的新阶段,即通过集中管理配送中心向各商店提供货源。其独特的配送体系,不仅大大降低了成本,而且加快了存货周转,形成了沃尔玛的核心竞争力。沃尔玛完整的物流系统号称"第二方物流",相对独立运作,不仅包括配送中心,还包括更为复杂的输入采购系统、自动补货系统等。

首先,沃尔玛公司店铺销售的所有商品,除了部分生鲜食品考虑到保鲜的要求,由店铺在附近自行采购,其余全部要由事业部的采购部门在世界各地统一采购,以此来保证货源和利润。

其次,沃尔玛在美国本土建立了62个配送中心,整个公司销售的商品85%由这些配送中心供应,全部实行自动化作业。其配送中心的基本流程是供应商在沃尔玛所购买的商品上标上UPC(商品统一代码)条形码,然后由卡车运输,到达后,把货箱放在高速运转的传送带上,在传送过程中经过一系列的激光扫描,读取货箱上的条形码信息,用以核对采购计划、进行商品检验,然后分别送到货架的不同位置存放。商店提出要货计划后,电脑系统将所需商品的存放位置查出,并打印出印有商店代号的标签。一般情况下,商店要货的当天就可以将商品送出,其高效的电脑控制系统,使整个配送中心的员工极少。

第三,数据的收集、存储和处理系统成为沃尔玛控制商品及其物流的强大武器。为了满足美国国内3 500多个连锁店的配送需要,沃尔玛公司在国内配备了近3万个大型集装箱挂车,5 500辆大型货车卡车,24小时昼夜不停地工作。合理调度如此大规模的商品采购、库存、物流和销售管理,当然离不开高科技的手段,为此,沃尔玛公司建立了专门的电脑管理系统、卫星定位系统和电视调度系统,这样就可以合理安排运量和路程,最大限度地发挥运输潜力,降低成本,提高效率。

沃尔玛正是通过信息流对物流、资金流的整合、优化和及时处理,实现了有效的物流成本控制。从采购原材料到制成最终产品,到由销售网络将产品送到消费者手中的每一个环节都变得高效有序,实现了商业活动的标准化、专业化、统一化和单纯化,从而达到了实现规模效益的目的。

【问题与思考】

(1) 沃尔玛物流系统的构成要素主要是哪些?

(2) 沃尔玛"天天平价"的秘诀是什么?

第三章　物流管理

【学习目标】
- 充分了解物流管理的内涵与性质。
- 熟悉掌握企业物流管理中的问题及解决措施。
- 理解物流标准化流程。

【引导案例】

国分株式会社的物流战略

国分株式会社（以下简称"国分"）是日本一家知名的批发企业，自1712年创业以来，已有300多年的历史，年营业额达8 000亿日元。批发企业的成功在很大程度上取决于物流管理的成功，国分在确定其中长期战略规划时，将物流摆在了最为重要的位置，不仅在组织管理层中明确了物流管理者的责任，而且赋予了物流管理者很大的权限。

在物流节点的设置安排上，国分的长远规划是在全国建立自己的物流网络，它将物流节点进行了分类，并规划出短期物流节点设置的计划。在物流人才培养上，国分确立了物流人才战略规划，通过定期的集中教育和设定管理指标的计数管理系统而实现其目标。在物流合作企业的选择上，国分正在探索寻找新伙伴的途径，方法之一就是成立拥有运输执照的子公司，走行业化或业务协作之路；而如何建立低成本、高效率的配送体制来满足顾客的愿望，以及使从生产到消费的总成本最低等则是今后的重要课题。同许多企业一样，国分也意识到物流信息技术对当今企业竞争成功的重要性，因此国分的战略规划还包括对物流的信息化、智能化、电子化的建设，目的是提升国分的物流管理效率。国分正是根据自身发展的需要，制定了适于企业发展的物流战略，并考虑长期战略与短期战略的利益平衡，以保证企业良好运转。

思考：

（1）你了解企业战略规划在企业管理中的重要作用吗？

（2）你认为企业物流的战略规划应包括哪些方面的基本内容？

第一节 物流管理学概述

一、物流管理学的形成与发展

如果从"物体的流动"来理解,物流就是一种古老而又平常的现象。自从有了人类社会,有了商品交换,就有了物流活动,如运输、仓储、装卸搬运等。物流活动作为一项活动必然会消耗资源,资源总是稀缺的,资源的使用必须强调效率,可以说,自从有了物流活动就有了人们对如何提高物流活动效率的思考,就有了物流管理。中国古代就有人对物流管理有了哲学意义上的认识,如荀子就提出了"货畅其流"的物流管理思想。秦代修建的驰道、之后的大运河等,都是物流管理思想运用的结晶。不过这些物流管理思想只是一些朴素、零碎、经验的管理思想,并没有上升为科学理论。应该说,将物流管理作为一门科学,从系统的角度和观点来研究,至今只有几十年的历史。

20世纪50年代,随着经济的复苏和生产力的发展,商品数量急剧增长,生产成本相对下降,而流通费用却有相对上升的趋势。于是,人们开始了对各种物流活动规律的认真研究,以图找出降低流通费用的途径。由于目标是降低整个流通过程的费用,因此必须考察和研究物流的全过程,研究运输、储存、包装、装卸搬运等所有物流活动及这些活动之间的相互关系,即以系统的视角研究整个物流活动。这种研究的开展使原来在社会经济活动中处于潜隐状态的物流系统显现出来,结束了各种物流活动处于孤立、分散、从属地位的历史。这是物流管理学的初步发展阶段。

20世纪80年代以后,随着社会生产力的不断发展,社会分工不断深化,市场需求不断变化,市场竞争不断加剧,新型商业业态不断涌现,企业物流服务不断外包,第三方物流不断发展,物流活动复杂性不断提高,企业边界生产力不断挖掘,信息技术不断发展,物流管理在整个经济社会发展中的重要性不断提升,物流管理学研究日益得到社会的广泛重视。物流管理学研究的内容在不断拓展和深化,从传统物流管理研究延伸到后勤管理研究,从保障性物流管理研究延伸到准时性物流管理研究,从企业物流管理研究延伸到供应链物流管理研究,从绩效考核的财务标准型物流管理研究延伸到以平衡计分卡考核绩效的物流管理研究,从强调经济效益型物流管理研究延伸到强调社会效益型物流管理研究，从国内物流管理研究延伸到国际物流管理研究，从微观物流管理研究延伸到宏观物流管理研究，从局部的物流系统管理研究延伸到全局性的物流系统管理研究，等等。目前，物流管理学已成为一门内容丰富、发展比较成熟的管理科学。

二、物流管理学的研究对象

任何一门学科都有自己的研究对象，物流管理学主要是研究物流活动的管理问题。由于物流活动包括运输、储存、装卸搬运、包装、流通加工、配送等基本环节，而管理主要包括计划、组织、控制等职能，所以物流管理学的研究对象具体地说就是研究物流基本环节和由物流基本环节构成的物流系统的计划、组织与控制等管理问题。物流基本环节需要人、财、物、设备、方法、信息、环境等诸要素的支撑，物流管理学还要研究这些要素的具体管理问题。

从物流属性和形态来看，现代物流分为企业物流和社会物流。企业物流是一种微观物流，是企业这一特定社会主体的物流活动；社会物流是宏观物流，是全社会物流活动的整体。既然物流存在两种不同形态，那么物流管理学实际上也就可以分为微观物流管理学和宏观物流管理学。宏观物流管理学主要从整个国民经济角度研究物流在国民经济中的地位、物流产业政策与法规的制定、社会物流资源的配置、社会物流网络的构建、社会物流活动的整体效益提升等管理问题；微观物流管理学以企业为对象，主要研究企业物流战略、物流作业、物流组织、物流控制等管理问题。

三、物流管理学的性质

尽管物流管理学发展很快，但毕竟还是一门新兴学科，学科体系还在不断完善之中。从物流管理学的学科特性和发展趋势考察，该学科表现出以下基本特点：

（一）综合性

物流活动跨越许多领域，认识物流活动需要综合知识，解决物流问题也不是单一专业管理所能完成的，这就决定了物流管理学必然属于综合学科。物流管理需要与生产管理、营销管理、财务管理、信息管理、系统管理、环境管理、战略管理等问题相协调，在相关方面相互配合的基础上才能取得整体优化的效果，因此物流管理学的视野是广阔的、综合的。

（二）集成性

现代物流系统由许多要素和子系统构成，要素和子系统按照系统论的思想形成有机整体，传统的将物流过程分割和过度分工的方式已经制约了物流系统质量和物流效率的提高。在新的条件下，企业和用户对物流管理的要求是提供一揽子集成方案，而不是单一解决局部问题。集成性特点意味着物流、商流、信息流是统一的，要求利用更先进的物流管理系统解决物流问题，实现系统的优化。

（三）交叉性

物流管理学通过多学科的交叉、渗透，发展为一门边缘学科。传统物流管理学主要是技术问题和工程问题，物流管理主要侧重工学领域，以研究物流的技术和工程措施为主，物流技术管理比重较大。但是，现代物流管理学已经远远超越了技术和工程领域，它涉及企业运作和管理的各个方面（如企业与企业之间的关系、企业与用户之间的关系以及企业与社会之间的关系），它需要研究物流战略、物流服务方式和市场竞争等问题。在这种情况下，单纯的工学是无法胜任的，于是出现了管理学、社会学、经济学等学科向物流学渗透的趋势，物流管理学本身就是物流学与管理学相结合的产物，成为物流学和管理学的分支学科。

（四）应用性

物流活动是人类最基本的实践活动之一，随着物流规模和广度的发展，物流实践活动不断增加。物流管理学就是以物流实践为对象，运用科学分析的方法为人类的物流实践活动提供科学的依据、手段和方法，借以优化物流实践的效果。随着物流要求的提高，企业、用户、社会对物流管理的要求越来越高，在技术进步和需求变化的情况下，物流管理面临着大量新的课题，在实践中遇到的问题也越来越多。因此，物流管理学与实践的结合更加紧密，应用性不断提高。

四、物流管理学与相关学科的关系

物流管理学以企业物流为研究对象,这就意味着物流管理学是企业管理学的分支学科。现代企业管理涵盖的领域十分广泛,物流管理学作为其子学科与相关学科之间,特别是与生产管理学和市场营销学之间,必然具有密切关系。

(一)与生产管理学的关系

企业物流从大的方面看包括企业内部物流和企业外部物流。企业内部物流就是指货物在企业系统内部从上游工序向下游工序的空间位移,这种位移的特点是不发生货物所有权的转移(没有商流)、受生产工艺等方面的技术制约、属于产品物质转换(加工制造)过程的一部分等,这些特点说明企业内部物流大多数与生产作业活动有紧密关系。物流管理与生产管理是一个事物的两个方面,难以分割,因此在物流管理学尚未独立之前,物流管理问题一般都纳入生产管理学的研究领域。

尽管生产管理学可以研究物流管理问题,但物流管理学还是应该从生产管理学中独立出来。首先,物流管理不是生产管理学所能完全囊括的,许多物流活动,特别是企业外的物流活动,已经超越生产管理系统;其次,将物流管理学从生产管理学中独立出来,可以摆脱生产管理的局限,提高物流管理和生产管理的专业化水平和精度,促进物流管理学的发展;第三,物流管理学的指导思想与生产管理学有很大的差别,前者需要较强的开放意识。

(二)与营销管理学的关系

企业外部物流是指企业与交易企业、用户和其他关系者发生的物流。现代企业是一个开放系统,需要与原材料供应商、零部件供应商、能源动力供应商、经销商、用户等利益相关者发生交易,在交易过程中伴随着大量的物流问题,其典型形态是采购物流和销售物流。这些物流问题通常被纳入企业市场营销渠道中加以解决,因此在市场营销学中,对营销过程中的实体流通问题也十分关注。

营销管理学与物流管理学具有紧密关系,营销管理学为物流管理学提供了正确的观念、原则和指导思想,比如营销管理学中强调的以客户为中心及满足客户需求的思想和方法对物流管理学的建设是非常重要的。但是营销管理学不能代替物流管理学,因为两者研究的范围和重点是不同的,物流管理学侧重研究物流活动本身的客观规律,营销管理学侧重研究商流活动本身的客观规律;两者的研究方法与手段也是不同的。

第二节 企业物流管理

一、企业物流管理概述

(一) 企业物流管理的概念

在世界范围内,物流作为一门新兴的科学,最初起源于美国。美国物流管理协会对物流的概念进行了阐述,指出物流就是为了满足消费者的需求而从生产源头到消费地对原材料、中间库存、最终产品及相关信息的流动与存储计划实施与有效控制的过程。传统意义上的物流通常是指商品在空间和时间上的位移。传统物流开始走向现代物流,打破了传统运输环节同生产环节彼此独立的格局,开始运用现代信息技术建立起对企业产供销全过程的计划和控制,从而大大降低了企业成本。

物流不仅是经济全球化发展的产物,而且是信息化发展的必然产物。随着经济社会的发展和交通条件的日益改善,企业发展在面临重大机遇的同时,也面临着严峻的挑战。很多企业开始日益重视物流管理,已经将其看成企业发展战略的重要组成部分。但是,我国企业物流管理起步较晚,还存在种种亟待解决的突出问题,现有的企业物流管理还不能充分发挥其应有的作用。所以,我国必须对当前企业物流管理过程中存在的突出问题进行分析,总结出有利于企业物流发展的策略。

企业物流系统包含多个彼此联系的环节,有供应环节、生产环节、销售环节、回收环节及废弃环节等。在这些环节中,最为重要的是供应环节和生产环节。从生产的视角来看,企业物流的一系列环节是不产生价值的,但是企业又不能缺少这些物流环节。企业可以通过物流管理来对物资进行统一的采购和配送,实现对物资的统一调配,有效降低企业的运行成本,从而达到对企业资源的最优化配置,进而不断提高企业的经济效益。企业物流管理是企业间相互合作的联系纽带,是供应链管理体系中最为重要的组成部分,也是提高企业核心竞争力的主要策略。

传统的企业物流管理模式都是适应当时经济发展需要的管理模式,而随着社会的发展和进步,则需要及时采用最新的技术、管理理念及管理方法,对旧的管理模式进行改造和更新,积极应用先进的企业物流信息技术,引进先进的设备来推动企业物流管理的现代化,以适应当前信息化及网络化时代的发展需要。大众对企业物流管理模式的把握,要从以下两个方面进行:一方面,要加强企业物流管理的信息化水平。当前已经进入信息时代,人们习惯使用信息技术及网络技术开展工作和生活。因此,企业的物流管理要适应这一形势,配备必要的现代化物流管理设备和设施,提高企业物流管理的信息化水平。另一方面,要提高企业的物流信息处理水平。企业要加强数据库建设,促进信息传递的标准化和存储的数字化,从而实现企业物流的现代化发展。

（二）企业物流管理的构成要素

企业物流管理的构成要素主要包括以下六个部分:一是运输,运输是利用运输工具在各个市场中进行的产品流通活动;二是存货,存货是企业为了调节市场供需矛盾而进行的产品调度,主要根据市场变化而进行;三是包装,包装环节是物流管理的起点;四是搬运,即在产品的存放、运输过程中,对产品进行搬运、存放、整理以及货物的分类等;五是流通加工,是指企业为了压缩成本,在流通过程中对产品进行辅助加工;六是信息,即产品运输过程中所进行的各种信息搜集。企业通过有效控制物流管理系统,合理利用自身的资源和优势,实现物流管理水平的进步,从而更好地推动企业获得最佳的经济效益,提高市场竞争力,促进企业更加健康、快速、稳定地发展。

二、企业物流的内涵

在我国物流产业领域,物流企业大量涌现,其业务类型、经营规模以及服务质量有很大的差别,明显存在着"散、小、弱、差"等突出问题。为了规范和引导物流市场,全国物流标准化技术委员会组织各方面的力量,经过调查研究与广泛征求意见,起草了推荐性国家标准《物流企业分类与评估指标》(GB/T 19680—2013),明确了物流企业的基本范围和类型。该标准对物流企业作了新的定义,即从事物流活动的经济组织,至少从事运输(含运输代理、货物快递)或仓储一种经营业务,并能按照客户物流需求对运输、储存、装卸搬运、包装、流通加工、配送等基本功能进行组织和管理,具有与自身业务相适应的信息管理系统,实行独立核算、独立承担民事责任的经济组织。这是企业物流的基本内涵。

三、企业物流管理过程中存在的突出问题分析

(一)管理理念和模式落后

在我国,仍有部分企业的发展长期受到传统物流观念的束缚,使企业物流范围受到了很大限制,运行的成本也相对较高,资源浪费严重,物流配送的速度太慢,安全性也比较低,没有形成足够的竞争力。我国企业物流管理的手段和模式虽然有了一定的发展,但仍没有形成完善的物流管理体系。目前,我国仍有部分小微企业对物流的管理依然停留在传统的纸笔阶段,管理中还没有使用计算机,物流管理信息化水平比较低,更没有形成完善的物流管理体系,企业效率较低,影响了企业的发展。

(二)相关的制度和法律法规不健全

现阶段,我国很多中小型企业的物流管理制度很不健全。现在的企业物流缺乏符合自身发展需求的物流绩效考核制度以及物流人才的准入制度和使用制度等,相关的企业物流法律法规同国际物流标准也存在差距。另外,企业在物流管理、第三方物流及供应商之间也缺乏相应的法律法规约束。这些问题的存在,都直接导致了现在企业物流管理的低效率,是限制企业发展的重要影响因素。

(三)企业物流管理人员素质有待提高

与世界发达国家相比,我国企业物流管理起步较晚,缺少拥有丰富企业物流管理经验的人才,在职企业物流管理工作人员的素质也有待提高。企业物流管理人才不但需要掌握物流经营的知识,而且需要掌握企业管理的知识。目前,我国企业物流管理从业人

员在这两方面的知识相对较少。所以，提高在职企业物流管理工作人员的素质，是企业发展的重要策略之一。

四、针对企业物流管理中存在问题的应对策略

（一）树立先进的企业物流管理理念

在企业物流管理中，先进的理念是一种先进的文化。树立先进的企业物流管理理念的过程，就是一个思想解放的过程，是对传统陈旧理念的一个冲击过程。没有先进的企业物流管理理念，企业就不可能有现代化的物流管理系统。所以，企业必须在看到物流在自身发展中的重要地位之余，积极引进先进的企业物流管理理念。

企业还要充分认识到，现代化的物流已经不是传统意义上的产品在空间和时间上的简单位置移动，而应当将现在的企业物流看成一种超越企业界限的、以客户服务为中心的新型拓展活动。另外，企业要在照顾供应商、分销商、零售商及顾客等众多主体利益的基础上，构建现代化的物流管理系统，从而实现企业产品以最快的速度从供应者到消费者的转移，以满足消费市场的现实需求。所以，在日益激烈的市场竞争中，只有树立先进的企业物流管理理念，构建现代化的物流管理系统，才能进一步促进企业快速、稳定地发展。

（二）构建企业物流网络信息化新模式

当今时代，我国企业要走出传统的企业物流管理模式，就必须不断改进和完善物流管理的技术和手段。企业要通过推广企业物流信息技术及改造现有的物流装备，进一步促进企业物流管理的信息化和网络化，从而提升企业物流运行的效率和物流管理的现代化水平。为此，企业管理层要高度重视企业物流信息化，要将企业有限的人力和资源都投入发展企业物流网络信息化最需要的地方去。企业要积极配合物流信息处理的数据库化、代码化，信息传递的标准化及存储的数字化，以便为打造现代化的企业物流和实现物流信息化奠定基础。最后，企业要不断加快自身物流系统的信息化建设。

企业物流管理的效率高低，主要表现在对物流所需信息的采集、传递及处理加工等方面。企业必须依托自身的资源管理系统平台，积极构建与现代先进的物流发展相互匹

配的物流信息系统，最好是能将此网络信息平台同遍布全国乃至全球的采购网及客户服务网实现对接。这样，企业就可以借助准确的信息传递，打破过去陈旧的粗放式物流方式，构建现代网络信息化的企业物流发展新模式，以促进自身的良性可持续发展。

（三）制定企业相关的物流制度和法律法规

现阶段，随着电子商务的发展和交通条件的改善，我国经济发展已经进入了一个全新的时代，企业之间的竞争已不再局限于国内，而是开始跨越国界。企业必须以国际化的物流标准为基础，通过制定相关的物流制度和法律法规来规范自身的物流管理。企业要在充分认识自身物流管理具体实际的基础上，从产品的包装、运输到装卸搬运等各个环节，都制定和实施与国际物流同样的标准和要求，以便能与国际物流管理接轨。只有这样，企业才可以有效避免因制度或规范方面的原因带来的阻碍，真正提高我国企业物流的市场竞争力，为企业的发展奠定良好的基础。

（四）加大对专业人才的培养力度

在发展过程中，企业要强化对物流管理从业人员的培训，重视对企业物流管理专业人才的培养。当今时代，随着贸易发展的全面开放和市场竞争的自由化发展，现代企业的物流发展已经将信息管理、贸易经济、电子信息技术及运输配送等相关元素紧密联系在了一起，这就对企业物流从业人员的知识结构和技能水平提出了新的要求。

面对这些新的发展和变化，企业必须对现在的企业物流管理人员进行物流理念及技术等方面的培训。首先，企业的物流管理人员甚至企业的高层领导和决策层，都必须掌握企业物流管理的相关知识和技能，要对企业物流中的各个环节有明确的认识。其次，企业要为企业物流管理人员提供各种进修或者培训的机会，还可以通过集中授课，个人自学，请物流方面的专家、学者来企业开展讲座，或者组织管理人员就某些问题进行集中讨论等方式，不断提升企业物流管理人员的素质和能力。最后，为了形成企业物流管理所需人才动态稳定的梯度，企业必须通过多种形式和途径，加大对企业物流管理专业人才的培养和开发力度。比如，可以通过与科研院所或者高校合作来培养企业物流管理人才，或者从企业内部集中选拔、重点培养部分物流精英，以做好企业物流管理人才的引进和培养工作，促进企业发展。

（五）制定科学的核算方法

在发展过程中，物流成本的高低是企业物流管理的核心和关键，也是衡量企业物流管理水平高低的标尺。在当前企业生产自动化程度日益凸显的时期，如果只是单纯依靠在生产过程中压缩成本，企业的发展就会越来越困难。所以，企业完全可以从物流方面来实现降低成本的目的，如合理地控制仓储、装卸搬运及库存等环节的成本。

首先，企业要进行科学的采购分析。采购分析需要重点把握的因素，包括采购物料的成本、物料交货的时间和地点，以及所采购物料的交易付款期限等。这就要求企业在进行采购分析时，必须从自身的实际需要出发，然后重点参考以前企业在"一定时间内"需要使用的物料量的平均值和变化幅度。只有这样，才能科学地制订出企业生产所需物料的真实需求计划。除此之外，企业还必须考察物料供应商的历史供货情况，也就是说，供应商在"一定时间内"能够供货的数量的平均值及变化的幅度。只有这样，才能科学地确定合理的储备量。其次，企业还应当建立独立的物流费用会计核算机构，然后选择正确的核算方法，重点分析企业物流的成本结构。企业要从实际出发，制订企业的物流活动计划，在计划实施的过程中做到动态调控。只有这样，才能真实地反映出企业的物流成本，从而科学合理地降低企业的物流成本，促进企业发展。

第三节　物流标准化

一、物流标准化的含义

随着世界经济的快速发展和现代科学技术的进步，物流业作为国民经济中的一种新兴服务业正在全球范围内迅速发展。物流是通过空间和时间上的优化组合来提供增值服务的，这种增值过程的特殊性，使物流环节中各种社会资源的有效整合和协调问题成为物流业发展的最大焦点问题。标准化和信息化作为整合和协调活动的最基本手段，自然成为世界各国发展物流业的切入点。

标准化是为有利于技术合作、防止贸易壁垒、提高经济效益，针对相同类别的产品、服务等制定、发布与实施统一的标准。物流标准化是指为提高物流的效率和效益，在物流各环节对重复性事物和概念制定、发布和实施统一的标准。

二、物流标准化的主要内容

（一）基础编码标准化

基础编码标准化即根据统一标准对物流对象物进行编码，并将编码转化为标准条形码的过程，这是物流标准化中最基本的环节，是实现物流电子信息传递、远程数据交换、统计、核算等活动的基础。

（二）物流基础模数尺寸标准化

确定物流系统各标准尺寸的最小公约尺寸，并使物流系统中各具体标准尺寸都是物流基础模数尺寸的整数倍数。

（三）物流建筑基础模数尺寸标准化

以物流基础模数尺寸为基础，针对物流建筑制定基础模数，在设计、建筑各种物流建筑物的长、宽、高，门、窗、柱间距跨度及进深等的尺寸时使用该基础模数。

（四）集装模数尺寸标准化

以物流基础模数尺寸为基础，针对物流中各种集装设备制定基础尺寸，在设计、制造物流集装设备时将之作为三项尺寸的依据。由于集装在物流系统中起着重要的贯穿作用，因而在整个物流设计中，集装尺寸是核心，集装模数尺寸标准化影响和决定着与其有关各环节的标准化。

（五）物流专业名词标准化

统一定义、统一解释、统一使用物流专业名词。物流专业名词标准化能够使物流信息传递快速而准确，使物流系统各要素有效配合和统一。

（六）物流单据、票证的标准化

制定、发布、实施物流单据、票证的统一标准。该标准化有利于物流核算、统计的规范化，是建立物流系统情报网、对物流系统进行统一管理的重要前提，也是对物流系统进行宏观控制与微观监测的必备基础。

（七）标志和识别标准化

为物流中的物品、工具等设计、发布、实施易于识别、区分的标志，并将标志转化为固定的条形码，以实现识别的自动化。

（八）专业计量单位标准化

根据国家公布的统一计量标准和国际物流标准与计量方法，确定并执行物流专业计量单位标准。这样做的原因是物流的国际性突出，不能以国家统一计量标准作为唯一依据。

【本章小结】

本章主要介绍了物流管理学的发展及内在性质，以及物流管理学与相关学科之间的关系。一般来说，以文中四个方面对物流管理学性质进行划分，可以更好地理解物流管理。笔者通过对企业物流的分析，找到当下企业物流管理中存在的问题，并给出了一系列的解决方法。通过标准化的划分使物流管理能够更加适应现代社会的发展，更好地服务于广泛大众。

【案例分析】

整合与创新助推物流业转型升级

物流业的核心价值就在于整合，这也是现代物流业区别于传统的运输、仓储行业的主要特征。领先企业通过流程再造、兼并重组、联盟合作等多种方式，加快功能整合、组织整合、信息整合和平台整合，挖掘物流整合潜力，提高资源的利用效率，从而有效提升发展的质量和效益。近年来，公路货运市场出现了传化公路港、林安物流、卡行天下等一批平台整合型企业，通过集中分散的货运资源提升了市场的集约化水平。当前，创新驱动已经成为我国物流业发展的重要支撑，领先物流企业通过技术创新、管理创新、模式创新、集成创新、制度创新等，打造战略竞争新优势。顺丰速运推出"快递＋电商"协同发展模式，加速与电商渗透融合，实现线上线下资源战略共享。海尔日日顺物流推出"送装一体化"服务模式，打造四网融合核心竞争力。淮矿物流推出"平台＋基地"供应链管理模式，提升大宗商品流通组织化程度。此外，大数据、云计算、物联网等新的信息技术给物流业带来了重大变革和新的挑战。专业化、一体化、个性化的物流模式创新，引领企业抢占产业竞争制高点。

【问题与思考】

（1）为什么物流业的核心价值在于整合？

（2）物流企业如何应对市场的发展？

第四章　物流活动

【学习目标】
- 掌握物流活动涵盖的各种类型。
- 了解物流活动各个环节的概念及功能。

【引导案例】

家乐福中国的运输策略

家乐福中国在物流网络设计方面的特点主要体现为运输网络分散度高,即供应链上的企业都自己建立仓库及配送中心,而家乐福的供应商直送模式决定了它的大量仓库及配送中心事实上都是由供应商自己解决的,由家乐福集中配送的货物占极少数。这样的经营模式不但可以节省大量的建设仓库和管理费用,使商品集中配送更加方便,而且可以及时供应商品或下架滞销商品。这不仅对家乐福的销售有利,对供货商了解商品销售情况也相当有利。

在运输方式上,较少数需要进口或长途运送的货物使用集装箱挂车及大型货运卡车,由于大量商品来自本地生产商,故较多采用送货车。这些送货车中只有一小部分是家乐福租赁的车辆,绝大部分是供应商自己长期为家乐福各店送货的车辆,所以家乐福并没有自己的运输车队,也省去了大量的运输费用。

在配送方面,在供应商直送的模式下,商品来自多条线路,而无论各供应商还是家乐福自己的车辆都采用了"轻重配载"的策略,有效利用了车辆的各级空间,使单位货物的运输成本得以降低,进而在价格上取得主动地位。

思考:家乐福中国的运输策略有哪些?

第一节 物流运输

一、运输的概念

运输是指运用设备和工具,将物品从一个地点向另一个地点运送的物流活动。运输主要用来实现长距离、大吨位的货物在不同空间之间的移动,创造空间价值。运输是物流最重要的功能之一,无论在物流领域还是在国民经济领域都具有举足轻重的地位。

运输是人类社会的基本活动之一,是与社会生产和人民生活密切相关的经济活动,如今已经渗透到人类社会生产、生活的方方面面,并且成为最受关注的社会经济活动之一。运输是物流的一个环节或一项基本功能,它是在不同地域范围间(如两个城市、两个工厂之间),以改变"物"的空间位置为目的的活动。它的主要功能就是对"物"进行空间位移。它与搬运的区别在于,运输是较大范围的活动,而搬运是指在同一场所内对货物进行移动的物流作业。

物流部门通过运输解决物品在生产地和需求地之间的空间距离问题,从而创造商品的空间价值,实现其使用价值,满足社会需要。由于运输活动相对来说时间长、距离远、能源消耗多,其成本在物流总成本中的比例通常高达 50% 以上,因此运输活动的费用节约余地很大。合理化的运输管理,可以达到高效率、低成本、低能耗地满足消费者和服务经济社会发展的目的。作为企业"第三利润源"的物流,完成其改变"物"的空间位置功能的主要手段是运输。在现实中,有很多人认为物流就是运输,就是因为物流的很大一部分功能是由运输完成的。由此可见,运输在物流中占有重要地位。

二、运输的功能

(一)物品移动

显而易见,运输首先实现了物品在空间上移动的职能。无论物品处于哪种形式,是材料、零部件、配件、在制品,还是流通中的商品,运输都是必不可少的。运输通过改变物品的地点与位置而创造出价值，这是空间效用；运输能使物品在需要的时间到达目的地，这是时间效用。另外，运输的主要职能就是将物品从原产地转移到目的地，运输的主要目的就是以最少的时间完成产品的运输任务。

运输是一个增值的过程，通过创造空间效用和时间效用来创造价值。商品最终送到顾客手中，其运输成本构成了商品价格的重要部分。

（二）短时间产品库存

产品进行短时储存也是运输的职能之一，即将运输工具作为暂时的储存场所。如果转移中的产品需要储存，而短时间内产品又需要重新转移，卸货和装货的成本也许会超过产品储存在运输工具中的费用，这时便可以考虑采用此法。

例如，当交付的货物处于转移之中而最初的装运目的地被改变时，产品需要进行临时储存，那么采取改道措施则是产品短时储存的一种方法。另外，在仓库空间有限的情况下，利用运输工具储存也不失为一种可行的选择。可将货物装上运输工具，采用迂回路径或间接路径运往目的地。尽管用运输工具储存产品可能是昂贵的，但如果从总成本或完成任务的角度看，考虑装卸成本、储存能力的限制等，那么用运输工具储存往往是合理的，有时甚至是必要的。

三、运输的原则

（一）及时性原则

及时性原则是指按照货主规定的时间把物品运往目的地，这是衡量运输效果的重要指标之一。运输时间的长短和到货的准确性不仅决定着零部件周转的快慢，而且对生产能否顺利进行影响极大。运输不及时可能造成客户缺货，有时甚至会给客户造成巨大的经济损失。现代化运输工具是缩短运输时间的主要手段。除选择现代化运输工具外，关键是要做好物品在不同运输工具之间的衔接工作。如果衔接不好，往往就会发生有了货而没有运输工具，或者是有了运输工具却又没有货的现象。如果短途运输和长途运输没有衔接好，也会造成运输工具等候物品的现象。这些情况都将延长物品的待运时间，影响物品的及时发运。此外，对于委托中转的物品，中转单位必须做到随来随转，及时把物品转运出去。

（二）准确性原则

准确性原则是指在运输过程中准时准点到货，无差错事故，做到无错运、漏运、丢失、溢出、误到港（站）、误交付，准确无误地完成任务。物流运输的准确性在很大程度上取决于发送和接收环节，同时与运输方式也有一定的关系，如：汽车运输可做到"门到门"运输，中转环节少，不易发生差错事故；铁路运输受客观环境因素的影响小，也容易做到准时准点到货。

在货物的运输过程中，应切实防止各种差错，做到不错不乱，准确无误地完成运输任务。如果运输任务繁重，运输货物品种繁多、规格不一，再加上在运输过程中要经过若干个环节，稍有疏忽，就容易发生差错。所以，发运货物不仅要求数量准确，品种规格也不能有差错；不仅要加强岗位责任制，还要有周密的检查监督制度，精心操作。

（三）安全性原则

安全性原则是指在运输过程中要保证物品的完整和安全，是物流运输的前提。因为没有安全，就没有物流运输的顺利完成，还会造成经济损失。运输安全包括人身、设备和被运货物的安全。为了保证运输安全，应首先了解被运物品的特性，如重量、体积、贵重程度、结构、物理和化学性质等，然后选择安全可靠的运输方式，采用合理的运输组织方法。

保证商品在运输过程中的安全，主要包括以下两点：一是注意运输、装卸过程中的震动和冲击等外力作用，防止商品的破损，即商品数量上的安全；二是防止由物理、化学或生物学变化等自然原因引起的商品耗损和变质，即商品质量上的安全。

（四）经济性原则

经济性原则是指以最经济合理的方法运输产品，降低运输的总成本。由于运输费用在物流费用中占有相当大的比重，节省运输费用的支出，是降低运输总成本、减少物流费用最主要的方法。减少运输费用的主要途径是开展合理运输，即选择最经济合理的运输路线和运输方式，尽量减少运输环节，缩短运输里程，用最少的费用把产品运达目的地。为了降低运输成本，还必须努力提高运输设备和运输工具的利用率，避免重复与浪费。此外，要加强对运输设备和运输工具的维修保养，延长使用年限，使其发挥最高的劳动效率，做到用最少的劳动消耗取得最多的经济效益。

四、运输的参与者

运输业务不同于大多数的商品买卖，它的参与者不仅仅是买方和卖方，在通常情况下运输涉及的参与者有发货人（起始地）、收货人（目的地）、承运人（运输公司）、政府和公众。

（一）发货人和收货人

发货人和收货人的共同目的是要在规定的时间之内以最低的成本将货物从起始地转移到目的地。发货人和收货人在运输服务中应约定具体的提取货物和交付货物的时间、预计转移的时间、损坏比等，并要精确和实时地交换装运信息和签发单证。

（二）承运人

承运人是中间商，其目的与发货人和收货人多少有点区别，期望以最低的成本完成所需的运输任务，同时获得最大的运输利润，即承运人想要按发货人（或收货人）愿意支付的最高费率收取运费，而使转移货物所需要的劳动、燃料和运输工具成本最低。要实现这一目标，承运人期望在提取和交付时间上有灵活性，以便使个别的装运整合成批量经济运输。

（三）政府

由于运输对经济的影响，政府要维持交易中的高利率水平。政府期望一个稳定而有效率的运输环境，以使经济能持续增长。运输能够使产品有效地转移到全国各地的市场中去，并按合理的成本获得。

与其他商品企业相比，许多政府更多地干预了承运人的活动，这种干预往往采取规章、促进或拥有等形式。政府通过限制承运人所能服务的市场或确定他们所能收取的价格来规范他们的行为，还可以支持研究开发或提供诸如公路或航空交通控制系统之类的通行权来促进承运人有序竞争。在英国和德国,某些承运人为政府所拥有,政府对市场、服务和费率保持绝对的控制。这种控制权使政府对地区、行业或厂商的经济发展具有举足轻重的影响。

(四)公众

公众是最后的参与者,关注运输的可达性、费用和效果,以及环境和安全的标准。公众通过合理价格产生对商品的需求,最终确定运输需求。

显然,各方之间的相互作用,使得运输关系很复杂。这种复杂性会导致发货人、收货人和承运人之间的频繁冲突,政府和公众之间的频繁冲突。这些冲突会导致运输服务备受规章制度的限制。

五、运输的方式

(一)公路运输

公路运输的概念有广义和狭义之分。从广义上讲,公路运输是指货物借助一定的运载工具,沿着公路有目的地移动的过程。从狭义上讲,公路运输指的就是汽车运输。公路运输是主要使用汽车进行货物运输的一种方式。公路运输所使用的设施包括公路、公路车站和行驶在公路上的车辆。公路运输主要承担近距离、小批量的货运,水运、铁路运输难以到达地区的长途、大批量货运,以及水运、铁路运输优势难以发挥的短途运输。

公路运输的主要功能是独立承担经济运距内的运输,由于我国大力兴建高速公路,汽车运输从中短途运输逐渐形成短、中、远程运输并举的局面,这将是一个不可逆转的趋势。同时,公路运输还可以补充和衔接其他运输方式,所谓补充和衔接,即当其他运输方式担负主要运输任务时,由汽车担负起点和终点处的短程集散运输,完成其他运输方式无法到达地区的运输任务。

公路运输的优点是公路覆盖面广,公路网的密度比铁路网、水路网大,且公路运输的适应能力强,在空间和时间方面都具有较大的自由度,不受路线和停车站的约束。同时,公路运输的灵活性强。密度非常大的公路运输网、汽车较强的通过能力和相对较小的单位运量,使得公路运输方式有着不可多得的灵活性,因此可以进行"门到门"的运输服务。由于减少了中间转运、装卸环节，货物包装可以简化，货物损伤、丢失和误送的可能性很小。另外，相比较而言，公路运输还有运费低的特点。公路运输较适合近距离运输，修建公路的材料和技术非常容易解决，对应的基础建设周期短。购置汽车的投资较低，一般企业都可以承受，因此自营运输和委托运输可以同时进行。由于自备车有充分的机动性，使用非常方便。

公路运输也有一定的缺点：与铁路运输和水路运输相比，公路运输的运载能力较小，所以不适合重型和大型的货物运输，即使重型货车载重量也无法与火车相提并论；运输能耗高，造成公路运输油耗居高不下的因素很多，如公路条件、车辆特性等，有时交通量大小、驾驶员的操作水平、交通管制等也是导致公路运输能耗较高的重要因素；运输单位小，运输量与汽车台数及驾驶员数成正比，无法产生大批量输送的效果；动力费和劳务费较高，特别是长距离运输费用较高；安全性差，由于在运行中司机的自由意志起主要作用，因此容易发生交通事故，汽车数量的迅速增多会导致交通堵塞，而特殊天气又影响公路运输的安全性，使得公路运输的事故发生率远远高于其他运输方式。

（二）铁路运输

铁路运输是一种重要的现代陆地运输方式，是我国货物运输的主要方式之一。铁路运输与水路干线运输、各种短途运输相衔接，形成以铁路运输为主要方式的运输网络。因铁路运输主要承担长距离、大数量的货运，在没有水运条件的地区，几乎所有大批量货物都要由铁路运输。铁路运输是在干线运输中起主力运输作用的运输方式。铁路运输所涉及的设施包括铁路、火车机车、车站及其他辅助设施。

铁路运输的优点有：运输能力强，伴随着铁路的内燃机化和电气化改造，铁路列车的运载能力在不断增强，它适合大批低值商品的长距离运输；单车装载量大，加上多种类型的车厢，使它几乎能承运任何商品，几乎可以不受重量和容积的限制；运输速度较快，由于铁路运输是在相对封闭的道路上进行的，速度较快，并且中国高铁事业发展迅速，平均车速在不断增加，已远远超过公路运输和水路运输；铁路运输有专用路线，只要是按时按线行驶，几乎不会出现交通拥挤问题，并且受天气条件影响较小，可以一年四季不分昼夜地运输，因此更加安全可靠。

铁路运输的缺点是灵活性差。铁路运输必须在专用线路上进行，而且必须沿着固定路线在规定时间内运行，不能实现"门对门"的运输。同时由于装卸次数较多，货物损毁或灭失事故比其他运输方式多，在运输过程中需要有列车编组、解体和中转改编等作业环节，占用时间较长，所以增加了货物的运输时间。

　　（三）水路运输

　　水路运输是指利用船舶在江、河、湖泊、人工水道以及海洋运送旅客和货物的一种运输方式。水路运输设施主要包括天然水道（或经过改良的水道）、港口和船舶等。水路运输按其航行的区域不同，大致上可划分为内河（湖）运输、沿海运输和远洋运输。水路运输是利用天然水道，进行大吨位、长距离的运输，由于运量大、成本低，非常适合运输大宗货物。与其他运输方式相比，水运对货物的载运和装卸要求不高，因而占地较少。对于海上运输而言，它的通航能力几乎不受限制。一般来说，水运系统综合运输能力主要是由船队运输能力和港口通过能力所决定的。

　　水路运输的优点是运载能力强、投资少，可以利用天然水道，线路投资少，并且节省土地资源。海上运输航道的开发不需要支付费用，内河有时虽要花费一定的资金，但远小于对铁路的投资。并且水路运输成本低，船舶沿水道浮动运行，可实现大吨位运输，降低运输成本。对于非液体商品的运输而言，水运一般是运输成本最低的运输方式。水路运输能运输各类不同的货物，尤其是大件货物，还能方便实现集装箱运输和多式联运，江、河、湖、海相互贯通，沿水道可以实现长距离运输。

　　水路运输的缺点是运输速度慢。船舶运输平均航速慢，在途中的时间较长，不能快速地将货物运到目的地。另外，水路运输只能在固定的水路航线上进行，无法实现"门对门"运输，只能通过其他运输手段的配合与衔接，而且水路运输易受台风或海洋风暴的影响延误运期。有时因内河航道和某些港口受季节因素影响大，如冬季结冰或枯水期水位变低，无法保证全年通航，所以水路运输受自然条件影响很大。

　　（四）航空运输

　　航空运输是指利用飞机或其他航空器进行运输的一种方式，也是目前运输速度最快的运输方式。由于飞机几乎可以飞越各种天然障碍，因此缩短了两地之间的运输距离，节省了大量的时间。由于航线管理有比较完善的制度和先进的技术手段，所以航空运输的安全性和准确性相对最高。但航空设施投资较大，能耗也大，所以运输成本相对较高。另外，航空运输的能力也比较有限，比较适合两类货物的运载：一类是价值高、运费承担能力很强的货物,如贵重设备的零部件、高档产品等;另一类是紧急需要的物资,如救灾抢险物资等。

航空运输的优点是高速的直达性。与其他运输方式相比,高速度无疑是航空运输最明显的特征,现代喷气运输机时速一般在900千米左右,是铁路运输和水路运输速度的数倍。而且航空运输不受地形、地貌、山川、河流的阻碍,只要有机场,有航空设施保证,就可开辟航线。使用直升机运输,机动性更强。对于自然灾害的紧急救援,以及其他运输方式无法到达之地,均可采用飞机空投的方式,以满足特殊条件下对物流的要求。按单位货运周转量或单位飞行时间损失率统计,航空运输的安全性比其他方式高,货物破损率较低,如果采用空运集装箱的方式运送货物则更安全。

航空运输的缺点是载运量小。航空运输不能承运大型、大批量的货物,只适用于小批量、体积小的货物。由于飞机造价高,航空燃油消耗大,因此航空运输是五种运输方式中最昂贵的一种。航空运输受恶劣天气影响较大,在大雾、雷雨等天气条件下,经常发生延误甚至取消航班的情况。

(五)管道运输

管道运输是一种新兴的运输方式,是随着石油的生产和运输而发展起来的一种特殊的货运方式。它主要利用管道输送气体、液体和粉状固体,其运输形式是靠物体在管道内顺着压力方向循序移动实现的。它和其他运输方式的重要区别在于,作为运输工具的管道设备是静止不动的。

管道运输的优点是运输量大,一条油管线可以源源不断地运送油料。根据管径的大小不同,每年的运输量可达数百万吨到几千万吨,甚至更多。并且管道运输能耗小,成本低,由于采用密封设备,在运输过程中可避免散失、丢失等,也不存在其他运输设备在运输过程中消耗动力所形成的无效运输问题,物料在运输过程中直接导入管道进行运输,因而不需要进行包装,节省了大笔的包装费用。

管道运输是通过封闭的管道进行运输的,因此不会受到地面条件的影响,也不会受到天气状况的影响,从而能够保证运输系统长期稳定地运行。对于石油、天然气等易爆、易挥发、易泄漏的产品,采用管道运输非常安全可靠,又避免了对空气、水源、环境的污染,能满足运输对绿色环保的要求。当一条管道建成后,运输货物只需在工作人员的监控下进行,工作人员不必参与运输活动,所以可以连续作业。

管道运输的缺点是运输的货物单一，管道内多为单一货物。单向运输的特性使得管道灵活性差，一条运输管道无法满足货主的多种需求。管线的铺设需要很大的投资，其专用性极强，没有通用性，在输送地点和输送对象方面有较大局限性，一般只适合特殊物资的输送。

第二节　物流包装

一、包装的概念

作为物流系统的重要功能之一，包装与装卸搬运、运输、储存、流通加工、配送等物流功能之间的联系是十分密切的。包装既是生产的终点，同时又是物流的起点。但是在日常生活中，人们对包装这个功能，更多是从营销的角度去认识的，强调包装的美观性，而忽略了包装在流通过程中所起到的物流作用。在这种观念下设计出来的包装，无疑会给物流环节带来诸多的不便，影响商品的顺利流通。因此，全面地认识包装的概念，对于帮助企业合理地设计产品包装，优化包装功能，提高物流系统的整体效率和效益有非常重要的作用。

关于包装的概念，在国际上，一些发达国家基本都有比较规范的定义。美国包装学会对包装的定义为："符合产品的要求，以最佳成本，便于货物的传达递送、流通、交易、储存与贩卖而实施的统筹系统的准备工作。"日本工业标准对包装所作的定义为："包装为便于物品的输送及保管，并维护商品的价值保持其状态，而以适当的材料或容器对物品所施之技术及其实施后的状态。"加拿大包装协会对包装的定义为："包装是将产品由供应者送到顾客或消费者，而能保持产品处于完好状态的工具。"

依据以上的定义，我们不难发现，不同的国家或者组织对于包装的定义在表述上虽有不同，但是基本意思是近似的，都强调了包装的功能。如果从词性的角度来看，那么根据以上定义，大体可以将"包装"的概念表述为两重含义：第一是从名词的角度来看，可以把包装解释为包装物，即用来盛装商品的容器、材料及其辅助物的总称；第二是从动词的角度来看，可以把包装解释为包装技术活动，即盛装、密封、捆扎、压缩等包装活动的总称。

二、包装的效用

（一）物流系统中的效用

1.运输活动

在运输活动中，运输包装不仅与运输设备有关，还与运输时间有关。在这些关系中，运输包装有提高装载率、对内装货物提供保护和缩短运输时间三个方面的效用。

（1）提高装载率

在运输活动中，与运输设备容积利用率有关的运输包装因素有两个：一是尺寸；二是结构和材料。商品运输包装的尺寸主要是指底面尺寸。如果它能与运输设备间有模数配合，就能大大提高设备容积利用率。采用标准模数的集合包装，较易解决提高设备利用率的问题。运输包装件的结构和材料也能提高运输设备容积的利用率。例如，有内部支撑件的运输包装件，就堆码得高一些，能提高运输设备容积利用率。当然这要增大包装的费用，只有在提高装载率和增加包装费用两方面进行权衡，才能作出决策。

（2）对内装货物提供保护

运输包装件在空间转移中往往受冲击力和震动力而发生损伤。一般来说，在铁路运输中冲撞震动的机会较多，运输时间也长，损坏的可能性最大，汽车运输次之，航空运输的损坏率最小。在实际工作中，三种运输方式的费用是不同的，铁路运输的费用最低，汽车费用次之，航空费用最高。对于运输包装来说，其保护效用的好坏必然与包装费用的高低成正比关系。因此，合理运输包装的采用应权衡包装费用与运输方式之间的关系。一般来说，极易损坏的和价格昂贵的商品，不宜增加包装费用，而宜采用空运。

在运输活动中，运输包装的保护效用还体现在满足运输途中和运输目的地的气候自然环境所提出的要求，如在北方要注意防寒，在南方要注意防热、防潮、防雨等。

（3）缩短运输时间

例如，采用集合包装有利于运输活动的有效管理，减少差错，从而大大缩短运输时间。

2.装卸活动

在装卸活动中，运输包装不仅与装卸过程所受到的物理作用有关，也与装卸效率有关。在装卸过程中，不管是机械装卸，还是人力装卸，都会有跌落的情况。一般来说，机械装卸比人工装卸跌落的次数少，跌落的高度也较低。实际经验表明，为避免损伤而提供的包装保护，对于机械装卸要简单一些，而对于人工装卸要困难一些，因为以人力进行换装时，包装必须将单件毛重控制在能为人力所搬动的限度内，还要求包装的外形尺寸适合人工操作。包装物过大，人工操作感到困难；包装物过轻过小，则人工装卸搬运的操作频率增加，也容易引起疲劳和降低效率。在适应人工装卸上，为了有效提高效率，运输包装件一般不超过25千克，包装件的宽度不宜超过肩宽，包装件应装有把手方便抓拿，以保证人工装卸的效率。为了提高装卸效率，运输包装件的集装化是一个必然趋势。集装能减少货物单位的总件数，由此可缩短装卸时间，提高效率。如果在运输过程中全部使用叉车等装卸车进行装卸搬运，单件毛重就没有必要过小，可以在交易约定的限度内，采用较大的包装。

3.保管活动

在保管活动中，运输包装不仅与保管设备有关，而且与和时间有关的物理作用有关，还与仓库的自动化管理有关。仓库的高堆垛和高密度储存可节省建筑费用和占地面积，但高堆垛超过一定限度就会因包装压坏而造成损失。

例如，一件重20千克的纸箱包装货物，它的耐压能力为8层高，重160千克，那么，在堆放8层后，即使距仓库顶部还有富余空间，也不能再堆放第9层。因此，如果运输包装以其尺寸标准化来适应保管设备，以其足够的抗压强度来适应保管中所受到的静压力，那么不仅能有效利用仓库的容积，还能减少由包装压坏造成的损失。

一般来说，要提高包装件的抗压强度，就需要增加包装费用。而立体仓库就能做到在不增加包装费用的前提下充分利用仓库容积。伴随立体仓库而来的仓库管理自动化，还可通过随机储存而提高空间利用率，减少货物损失。

（二）运输包装与货物特性配合中的效用

从货物包装的从属性和货物包装的系统观可知，货物的特性也是影响包装效用的要素，特别是包装的保护和提高物流效率两个效用，在多数情况下，必须充分注意货物的特性，否则便无法实现。

货物的特性对包装的影响有五个方面：第一，产品的物态不同，需要不同的容器，产品除适合直接装箱的固态刚性体和软性体外，还有粉状、粒状、油状、胶状、液体、气体等物态，这就需要各种袋、桶等不同形状的包装容器，这些容器必须注意密封，要严防渗漏；第二，产品有不同的比重、容量，有轻重之分，对于重量轻的松泡产品（如羽绒服等）应设法压缩体积，设计的包装要保证在堆放中不被压坏、跌落中不破损，对于重量大的产品（如小五金等），设计的包装要注意强度，保证在搬运中不会破损；第三，产品有不同的强度，有的易损坏，有的不易损坏，对于容易受冲击或震动损坏的产品，如仪器、家用电器等，一定要采用不同形式的缓冲包装；第四，有些产品有易腐败变质的特点，这就要求采用冷冻包装、真空包装、充气包装等包装形式来防止产品变质；第五，有些产品有易燃易爆的特点，如黄磷易燃、双氧水易爆等，必须采取有效的防护措施，并且要有明显的说明和特殊的标志。

三、包装的功能

（一）保护物资

保护物资是包装功能中最基本、最重要的一项。在流通的过程中，由于物资本身在物理、化学性质方面所固有的特征及环境的影响，物资极有可能受到来自外部环境的损害而无法安全、完好地送到用户的手中。在一般情况下，包装的保护功能包括以下四点：

1. 防止物资的破损变形

物资在运输、仓储、装卸搬运的过程中，非常容易受到撞击、挤压、震动、压缩、摩擦等外力的影响，从而导致物资发生破损、变形，最终给物资的内部品质带来不利的影响。因此，在进行包装设计时，企业应充分考虑这些外力的作用，提高包装本身的强度，减少商品的损失。

2. 防止物资发生化学变化

为了防止物资受潮、发霉、腐蚀、生锈、变质等化学变化，物资的包装必须能够在一定程度上起到阻隔水分、潮气、腐蚀物、光线及空气中各种有害气体的作用，避免这些外界不良因素的影响。

3.防止有害生物对物资的影响

如果包装不严或者包装材料存在质量问题，就非常容易给虫、鼠、蚁或微生物提供可乘之机。一旦这些有害生物进入包装容器里面，物资就极有可能被侵蚀或者污染，从而导致物资变质、腐败。而且大多数时候，有害生物对物资的破坏是不可逆转的，尤其对食品的危害性更大。

4.防止异物混入、污物污染、丢失、散失

异物混入是包装不良而带来的常见问题之一。近几年来，因包装问题而导致的异物混入食物的新闻屡见不鲜。据相关报道，日本仅在 2014 年就发生了 1 800 起食物混入异物事件，而在这些混入食物的异物中，铁丝网和鱼钩等金属制品就占到了约 14%。除此以外，物资丢失、散失也相当常见，如在运输途中，由包装物的破损而直接导致的香水、酒精等物质的挥发问题。

因此，物资的包装设计应根据不同物资的特征，以及运输、储存、销售等环境的需要，用最适当的材料、最合理的包装容器和技术，赋予包装最佳的保护性能，使其内装物品安全完好。而对于一些危险物品，还须采用特殊包装，以防止其对人及周围环境造成危害。

（二）方便物流

1.方便储运

从方便储存的角度来看，包装的设计要考虑以下两个要素：一是有利于保护物资在储存期间的使用价值；二是有利于提高物品在存取、验收、盘点、堆码、货架陈列、移动等仓储作业中的效率，减少包装物的空间占用，并为保管工作提供保障和便利。从方便运输的角度来看，包装的规格、尺寸、形状、重量、标志应该充分地考虑运输工具的适用性，结合载货空间的利用率和装卸货的先后顺序，尽可能地做到方便运输、提高运输效率。

2.方便装卸搬运

装卸搬运作业几乎伴随着物流的整个过程，而其作业效率与物资的包装也有着密切的联系。由于包装所用的容器、材料不同，包装在体积、重量、形态上有差异，因此对于各种装卸搬运的形式及其作业工具的适用性也是不尽相同的。近几年来，随着包装规格、尺寸标准化的普及，集装化包装得到了有效的推广，为实现装卸搬运机械化提供了

有利条件。

3.方便处理

方便处理主要指的是在包装材料的选用上,企业应当考虑包装在使用后的处理问题,包括包装物的重复利用、回收、再生和废弃处理等。在日常生活中,大量的纸质包装、木质包装、玻璃包装就是通过回收渠道,被人们重复地进行利用,这些都有效地节约了资源,同时保护了环境,更有利于社会的可持续发展。

(三)促进销售

精美的包装设计具有较高的辨识度,能够迅速地吸引消费者的眼球,赢得消费者的好感,使得商品在货架中脱颖而出,从而诱发购买行为,是增加商品价值和提高竞争力的重要手段之一。一些西方专业人士对购买行为的调查研究显示,大概有60%的人表示在购物时受到了商品包装的刺激,这说明商品包装是非常有利的推销工具。

良好的包装能够起到传达信息的作用。要发挥包装的这一作用,就必须准确地把握商品的属性、市场定位、销售区域,并以简洁、准确、形象的语言或图形,将这些信息显示在包装上。只有这样包装才能够获得更佳的视觉效果,达到促销的目的。

(四)方便消费者

虽然设计精美的包装确实会在一定程度上影响消费者的购买行为,但是消费者购买商品的原始目的还是获得商品的使用价值。因此,包装应尽可能地给消费者携带、开启、使用、保管、收藏商品带来便利。随着生产力的进步,包装新材料、新工艺、新技术不断涌现,使得包装的便利性也大大提高,如易拉罐的开口设计,有扭断式、拉环式、卷开式等,为消费者饮用饮料提供了便利。市场研究表明,此类型的饮料包装在市场上的占有率也是比较高的。

此外,在商品包装设计中,为了引导消费者使用,提高包装的安全性,合理的包装还应以简明扼要的语言或图示,向消费者说明注意事项及使用方法,以尽量避免消费者在使用包装时存在误区,减少因使用不当造成的损伤。

第三节 仓储管理

一、仓储概述

在物流系统中,仓储是一个不可或缺的构成要素。仓储是商品流通的重要环节之一,也是物流活动的重要支柱。在社会分工和专业化生产的条件下,为保持社会生产过程的顺利进行,必须储存一定量的物品,以满足一定时期内社会生产和消费的需要。

"仓"也称为仓库,是存放物品的建筑物或场地,可以是房屋建筑、大型容器、洞穴或者特定的场地等,具有存放和保护物品的功能;"储"表示收存以备使用,具有收存、保管、交付使用的意思,当适用有形物品时也称为储存。仓储是利用仓库存放、储存未及时使用物品的行为。简言之,仓储就是在特定的场所储存物品的行为。仓储的形成是因为产品不能被即时消耗掉,需要专门场所存放,于是就产生了静态仓储。而将物品存入仓库以及对存放在仓库里的物品进行保管、控制、加工、配送等的管理,便形成了动态仓储。现代仓储管理是主要针对动态仓储的一系列管理活动。

综上所述,结合《物流术语》的定义,仓储是指利用仓库及相关设施设备进行物品的入库、储存、出库等活动。仓储通过仓库或特定的场所对有形物品进行保管、控制等管理,从克服产需之间的时间差异中获得更好的效用。

二、仓储的功能及作用

(一)仓储的功能

随着现代经济的发展,物流在社会经济活动中扮演着越来越重要的角色。仓储的功能也从传统的存储功能中解放出来,并逐渐转变,增加了如发货、配送等功能,以此来提高物品周转的效率。

1.储存功能

现代社会生产的一个重要特征就是专业化和规模化生产,劳动生产率极高,产量巨大,绝大多数产品都不能被即时消费,需要经过仓储手段进行储存,这样才能避免生产过程堵塞,保证生产过程能够继续进行。另外,对于生产过程来说,适当的原材料、半成品的储存,可以防止因缺货造成的生产停顿。而对于销售过程来说,储存尤其是季节性储存可以为企业的市场营销创造良机。适当的储存是市场营销的一种战略,它为市场营销中特别的商品需求提供了缓冲和有力的支持。

2.保管功能

生产出的产品在消费之前必须保持其使用价值,否则将会被废弃。这项任务就需要由仓储来承担,在仓储过程中要对产品进行保护、管理,防止产品因损坏而丧失价值。如水泥受潮易结块,使其使用价值降低,因此在保管过程中就要选择合适的储存场所,采取合适的养护措施。

3.加工功能

加工功能是指仓储根据存货人或客户的要求对保管物的外观、形状、成分构成、尺度等进行加工,使仓储物发生期望的变化。加工提供了两个基本经济利益:第一,风险最小化,因为最后的包装要等到敲定具体的订购标签和收到包装材料时才完成;第二,通过对产品使用各种标签和包装配置,可以降低库存水平。降低风险与降低库存水平相结合,从而能降低物流系统的总成本。

4.整合功能

整合是仓储活动的一个经济功能。通过这种安排,仓库可以将来自多个制造企业的产品或原材料整合成一个单元,进行一票装运。整合的好处是有可能实现最低的运输成本,也可以减少由多个供应商向同一客户进行供货带来的拥挤和不便。为了能有效地发挥仓储的整合功能,每一个制造企业都必须把仓库作为货运储备地点,或用作产品分类和组装的设施。整合装运的最大好处就是能够把来自不同制造商的小批量货物集中起来形成规模运输,使每一个客户都能享受到低于其单独运输成本的服务。

5.支持企业市场形象的功能

尽管支持企业市场形象的功能所带来的利益不像前面几个功能那样明显,但对于一个企业的营销来说,仍有必要重视仓储活动。因为从满足需求的角度看,从一个距离较近的仓库供货远比从生产厂商处供货方便得多,同时仓库也能提供更为快捷的递送服务。这样会在供货的方便性、快捷性以及对市场需求的快速反应性方面,为企业树立一个良好的市场形象。任何产品的生产都必须满足社会的需要,生产者都需要把握市场需求的动向。仓储环节所获得的市场信息虽然比销售信息滞后，但更为准确和集中，且信息成本较低。现代物流管理特别重视仓储信息的收集和反应，将仓储量的变化作为决定生产的依据之一。

（二）仓储的作用

仓储是随着社会化分工和商品交换而逐步产生和发展起来的。随着生产的发展，专业化程度不断提高，社会分工越来越细，仓储存在于社会再生产各环节之中，提供社会再生产各环节之间的"物"的停滞功能，构成了上一步活动和下一步活动联系的必要条件。

1.调整生产和消费在时间上的间隔

由于许多商品生产和消费都存在着时间间隔与地域差异，因此为了更好地促进商品的流通与贸易，必须设置仓库将这些商品储存在其中，使其产生时间效应。

2.保证进入市场的商品质量

在商品从生产领域进入流通领域的过程中，通过仓储环节，对即将进入市场的商品在仓库进行检验，可以防止质量不合格的伪劣商品混入市场。待入库商品应满足仓储要求，在仓库保管期间，商品处于相对静止状态，不发生物理、化学变化，以保证储存商品的数量和质量。

3.加速商品周转和流通

随着仓储业的发展，仓储本身不仅具有储存货物的功能，而且越来越多地承担着生产特性的加工业务。例如，分拣、挑选、整理、加工、简单装配、包装、加标签、备货等活动，使仓储过程与生产过程有机地结合在一起，从而增加了商品的价值。随着流通领域物流业的发展，仓储业可在货物储存过程中为物流活动提供更多的服务项目，可为商品进入市场缩短后续环节的作业过程和时间，从而为加快商品的销售发挥更多的功能和作用。

4.调节运输工具运载能力的不平衡

在各种运输工具中，由于其运载能力差别很大，容易出现极其不平衡的状态。此外，在商品运输过程中，在车、船等运输工具的衔接上，由于在时间上不可能完全一致，也产生了在途商品对车站、码头流转性仓库的储存要求。

5. 减少货损货差

在货物进出门过程中，无论是港口还是机场的库场，在接收承运、保管时，都需要检查货物及其包装，并根据货物性质、包装进行配载、成组装盘（板），有的货物还需在库场灌包、捆绑。进口货物入库，还需进行分票、点数、分拨。一旦发生因海关、检验检疫手续的延误，或因气象原因而延迟装船、交付、疏运等，货物可暂存库场，避免货损发生。在货物装卸过程中，若发现货物标志不清、混装等，则可入库整理，这时库场又可提供暂时堆存、分票、包装等方面的业务。

三、仓储作业

仓储是产品生产、流通过程中因订单前置或市场预测前置而使产品、物品暂时存放。它是集中反映工厂物资活动状况的综合场所，是连接生产、供应、销售的中转站，对促进生产、提高效率起着重要的辅助作用。作为物流活动的重要组成部分，仓储作业、仓储资源和能力管理、仓储过程控制等直接决定物流的效率和质量。因此，熟悉仓储作业流程对物流的有效开展意义重大。

（一）货物入库准备

1. 编制仓库货物入库计划

货物入库计划是根据企业物料供应业务部门提供的物料进货计划来编制的，物料进货计划的主要内容包括各类物料的进库时间、品种、规格、数量等。它是仓库业务计划的重要组成部分。这种计划也可称为物料储存计划。

由于企业物资供应部门的物料储存计划、进货安排会经常发生变化，所以仓库管理上可采取长计划、短安排的办法，按月编制作业计划。

2. 入库前的具体准备工作

货物入库前的具体准备工作是仓库接收货物入库的具体实施方案，其主要工作包括组织人力、准备物力、安排仓位、备足缓冲用品等。

（二）货物入库流程

货物入库工作，必须经过入库货物接运、核对凭证、大数点收、检查包装、办理交接手续、货物验收、办理货物入库手续等一系列的操作过程。

1. 货物接运

货物接运主要包括专用线接运、自提货、车站和码头提货、送料、差错处理、接运记录等内容。

2. 核对凭证

货物运抵仓库后，仓库收货人员首先要检验货物入库凭证，然后按货物入库凭证所列的收货单位、货物名称、规格数量等具体内容与货物的各项标志核对，如果发现有错误，则应当做好记录，退回或另行存放，等待联系后处理。经复核无误后方可进行下一道工序。

3. 大数点收

大数点收是按照货物的大件包装进行数量清点。点收的方法主要有两种：一是逐件点数汇总；二是集中堆码点数。大数点收时应注意件数不符、包装异状、货物串库、货物异状损失等事项。

4. 检查包装

在大数点收的同时，对每件货物的包装和标志要进行认真查看，避免包装内容与包装标识不一致的情形。

5. 办理交接手续

入库货物经过上述工序，就可以与接货人员办理货物交接手续。交接手续通常需要仓库收货人员在送货回单上签名或盖章以表示货物收讫。

6. 货物验收

在办完交接手续后，仓库要对入库的货物做全面认真的验收，包括开箱、拆包、检验货物的质量和细数等工作。

7. 办理货物入库手续

货物验收后，由保管人或收货人根据验收结果在货物入库单上签收，同时将货物存放的库房、货位编号批注在入库单上，以便记账、查货和发货。经过复核签收的多联入库单，除本单位留存外，还要退还货主一联作为存货凭证。货物入库手续主要包括登账、立卡、建档等内容。

（三）货物出库

货物出库作业的开始，标志着货物保管养护业务的结束。货物出库业务管理，是仓库保管人员根据出库凭证，将所需货物发放给需用单位所进行的各项业务。

1. 货物出库前准备

这一阶段的工作可分为两个方面：一是计划工作，就是根据需货方提出的出库计划或要求，事先做好货物出库的安排，包括货场货位、机械搬运设备、工具和作业人员等的计划、组织；二是做好出库货物包装和涂写标志工作。

2. 货物出库流程

（1）核对出库凭证

货物出库凭证，不论是领（发）料单或调拨单均应由主管分配的业务部门签章，仓库接到出库凭证后，由业务部门审核证件上的印鉴是否完全相符、有无涂改。审核无误后，按照出库单证上所列的货物品名、规格、数量与仓库料账再做全面核对。核对无误后，在料账上填写预拨数，将出库凭证移交给仓库保管人员。保管人员复核料卡无误后，即可做货物出库的准备工作，包括准备随货出库的货物技术证件、合格证、使用说明书、质量检验证书等。

凡在证件核对中，有货物名称、规格、型号不对，印鉴不齐全，数量有涂改，手续不符合要求的，均不能发料出库。

（2）备料出库

货物保管人员按照出库凭证上的品名、规格查对实物保管卡，注意规格、批次和数量。规定有发货批次的，按规定批次发货；未规定批次的，按先进先出等原则，确定应发货的垛位。凡出库货物均应有技术证件。同批到达而只有一种技术资料的，应以抄写或复印件随货同行，原件仍由仓库保存。

（3）全面复核查对

货物备好后，为了避免备料过程中可能出现的差错，应再做一次全面的复核查对。

（4）交接清点

出库货物经过全面复核查对无误后，即可办理清点交接手续。货物点交清楚，出库发运之后，该货物的仓库保管业务即告结束，货物仓库保管人员应做好清理工作，及时注销账目、料卡，调整货位上的吊牌，以保持货物的账、卡、物一致，及时准确地反映货物进出、存取的动态。

  3.货物出库的方式

货物出库方式一般有托运、自提、送料、移仓、过户等。

第四节　装卸搬运

一、装卸搬运的概念

  装卸是指物品在指定地点以人力或机械装入运输设备或卸下的活动；搬运是指在同一场所内，对物品进行的以水平移动为主的物流作业。装卸搬运是介于物流各环节（如运输、储存等）之间起衔接作用的活动，它把货物运动的各个阶段连接成连续的"流"，使物流的概念名副其实。

  装卸活动是物流各项活动中出现频率最高的一项作业活动，装卸活动效率的高低，会直接影响到物流的整体效率。虽然装卸活动本身并不产生效用和价值，但是由于装卸活动对劳动力的需求量大，需要使用装卸设备，因此物流成本中装卸费用所占的比重较大。装卸活动的合理化对物流整体的合理化至关重要。

  装卸是物流过程对保管货物和运输两端货物的处理活动，具体来说，包括货物的装载、卸货、移动、货物堆码上架、取货、备货、分拣等活动以及附属于这些活动的作业。与装卸相类似的词汇还有搬运，一般来说，搬运是指物体横向或斜向的移动，而装卸指上下方向的移动。广义的装卸包括搬运活动。此外，搬运与运输的区别主要是物体的活动范围不同。运输活动是在物流节点之间进行，而搬运则是在物流节点内进行，而且是短距的移动。

  在工业尚不发达的年代，货物装卸主要依靠人力来完成，装卸现场的劳动强度很大，且劳动环境恶劣。在一些发展中国家，即便到了今天，仍有相当一部分的装卸活动依然是依靠人背肩扛来完成的。改善体力劳动的环境，提高装卸作业效率是物流现代化的重要课题。

在物流过程中，装卸活动是不断出现和反复进行的，它出现的频率高于其他各项物流活动，每次装卸活动都要花费很长时间，所以往往成为决定物流速度的关键。装卸活动所消耗的人力也很多，所以装卸费用在物流成本中的比重也很高。从某种意义上讲，装卸发展的历史实际上就是用机械代替人力，不断提高装卸的机械化程度，将人从繁重的体力劳动中解放出来的历史。装卸的机械化不仅可以减轻人的作业压力，改善劳动环境，而且可以大大提高装卸效率，缩短物流时间。

二、装卸搬运应遵循的原则

由于装卸搬运作业仅是衔接运输、保管、包装、配送、流通加工等各物流环节的活动，本身不创造价值，所以应尽量节约时间和费用，在装卸搬运作业合理化方面，可遵循以下四项原则：

（一）省力化原则

所谓省力，就是节省动力和人力。因为货物装卸搬运不产生价值，作业的次数越多，货物破损和发生事故的概率越大，费用越高，因此首先要考虑尽量不装卸搬运或减少装卸搬运次数。可采取的具体措施如下：采用集装化装卸、多式联运、集装箱化运输、托盘一贯制物流等有效做法；利用货物本身的重量和落差原理进行装卸搬运，如对滑槽、滑板等工具的利用；减少从下往上的搬运，多采用斜坡式，以减轻负重；尽量实行水平装卸搬运，如仓库的作业台与卡车车厢处于同一高度，手推车直接进出；卡车后面带尾板升降机，仓库作业月台设装卸货升降装置；等等。总之，省力化装卸搬运原则是能往下则不往上、能直行则不拐弯、能用机械则不用人力、能水平则不要上斜、能滑动则不摩擦、能连续则不间断、能集装则不分散。

（二）活性化原则

这里所说的活性化是指从物的静止状态转变为装卸状态的难易程度。如果容易或适于下一步装卸搬运作业，则活性化高。例如：仓库中的货物乱七八糟与整齐堆码的差别；散乱状态与放在托盘上的差别；等等。此外，在装卸机械灵活化方面的例子有：叉车、铲车、带轨道的吊车、能转动360°的吊车和带轮子、履带的吊车等。货物装卸搬运的顺畅化是保证作业安全、提高作业效率的重要方面。所谓顺畅化，就是作业场所无障碍、作业不间断、作业通道畅通，如：叉车在仓库中作业，应留有安全作业空间，转弯、后退等动作不应受面积和空间限制；人工进行货物搬运，要有合理的通道，脚下不能有障碍物，头顶留有空间，不能人撞人、人挤人；用手推车搬运货物，地面不能坑坑洼洼，不应有电线、工具等杂物影响小车行走；人工操作电葫芦吊车，行走通道两侧的障碍等问题均与作业顺畅与否相关。在机械化、自动化作业途中出现的停电、线路故障等作业事故，都是威胁装卸搬运作业顺畅和安全的因素。

（三）短距化原则

短距化，即以最短的距离完成装卸搬运作业。最明显的例子是生产流水线作业，它把各道工序连接在输送带上，通过输送带的自动运行，使各道工序的作业人员以最短的动作距离实现作业，大大地节约了时间，减少了体力消耗，大幅度提高了作业效率。转动式吊车、挖掘机也是短距化装卸搬运机械。短距化在人们的生活中也能找出实例，如转盘式餐桌，各种美味佳肴放在转盘上，人不必站起来就能夹到菜。缩短装卸搬运距离，不仅省力、省能，还能使作业快速、高效。

（四）人格化原则

装卸搬运是重体力劳动，很容易超过人的承受限度。如果不考虑人的因素或不够尊重人格，就容易发生野蛮装卸、乱扔乱摔现象。搬运的东西在包装和捆包时应考虑人的正常能力和抓拿的方便性，也要注重安全性和防污染性等。

第五节　配送及客户服务

一、配送

（一）配送的概念

配送是社会化大生产和商品经济高度发展条件下的一种先进的流通方式。配送指的是按用户的订单要求，在物流据点进行分货、配货等工作，并将组配好的货物按时送达指定的地点的物流活动。

20世纪下半叶，由于科学技术的不断进步和经济的不断发展，人类开发利用自然资源的规模在迅速扩大，货物运输量急剧增加，运输业得以迅速发展，企业面临着缩短交货周期、提高产品质量、降低成本和改进服务的压力。为适应不同层次的消费需求，零售业中连锁经营、专卖店、无店铺销售等各具特色的业态应运而生，为商品流通提供了多样化的渠道，促使生产、销售结构发生变化，同时也推动了流通环节的高效化和重新组合。传统的仓库概念被逐渐打破，作为物流节点的仓库从原来的单一保管功能迅速向收货、分货、装卸、加工、配送等多种功能方向发展，港口、码头、汽车和火车货站、机场货站、城市仓库等物流节点都在扩展自己的功能，许多物流节点逐渐演变为现代的物流配送中心，具有配送功能。

（二）配送的特点

1.从物流据点送至用户

配送在整个输送过程中处于"二次输送""支线输送""终端输送"的位置，除工厂用户的货物配送是直达型外，大部分配送是中转型配送，其起始点是物流据点，终止点是用户。配送直接面向并靠近用户，并且多数局限在一个区域（城市）范围内，运输多为干线输送和直达送货，批量大，品种相对单一。

2.按用户需求配送

从事配送的是专职流通企业（配送方），用户（货物需求方）需要什么配送什么，强调了用户的绝对主体地位，而不是生产企业（送货）生产什么送什么，即在全面配货基础上，完全按用户需求，包括种类、品种搭配、数量、时间等方面的需求进行运送。因此，配送不仅包含"运""送"等基本物流活动，还需要从事大量分货、配货、配装等工作，是"配"与"送"的有机结合。

3.服务性供应

从服务方式来讲，配送是一种"门到门"的服务，可以将货物从物流据点一直送达用户的仓库、营业场所、车间乃至生产线的起点或个体消费者手中。配送体现为运输与其他活动共同构成的组合体，要开展诸如组织物资订货、签约、进货、分拣、包装、配装等及时对物资进行分配、供应处理的活动。

4.智能化进展迅速

现代化技术和装备的普遍采用，使配送在信息传递与处理上，可借助于计算机辅助决策，如辅助进货决策、辅助配货决策和辅助选址决策等，加上计算机与其他自动化装置的操作控制，如无人搬运车、配送中心的自动分拣系统等，使配送在规模、水平、效率、速度、质量等方面远远超过以往的送货形式，使得整个配送作业像工业生产中广泛应用的流水线一样流畅，这是科学技术进步的体现。

（三）配送的功能

配送在本质上是运输，创造空间效用自然是它的主要功能。但配送不同于运输，它是运输在功能上的延伸。相对于运输而言，配送除创造空间效用这一主要功能之外，还有其他方面的功能。

1.完善运输系统

现代大载重量的运输工具，固然可以提高效率，降低运输成本，但只适于干线运输，因为干线运输才可能是长距离、大批量，才有可能实现高效率、低成本的运输。支线运输一般是小批量，如果使用载重量大的运输工具则是一种浪费。支线小批量运输频次高、服务性强，要求比干线运输具有更高的灵活性和适应性。配送通过与其他物流环节的配合，可实现定制化服务，满足这种要求。因此，只有配送与运输密切结合，使干线运输与支线运输有机统一起来，才能实现运输系统的合理化。

2.减少交叉运输

交叉运输是普遍存在的。交叉运输的存在，使输送路线变长，规模效益减少，运输成本增加。如果在生产企业与客户之间设置配送中心,采取配送方式,则可减少交叉运输。设置配送中心以后,将原来直接由各生产企业送至各客户的零散货物通过配送中心进行整合,再实施配送,缩短了输送距离,降低了成本。

3. 实现低库存或零库存

采取配送方式,通过配货和集中送货,或者与其他企业协商实施共同配送,可以节约物流成本,提高物流系统末端的经济效益。配送通过集中库存,可使系统总库存水平降低,既降低了存储成本,也节约了运力和其他物流费用。尤其是在采用准时制配送方式后,生产企业可以依靠配送中心准时送货而不用保持自己的库存,或者只用保持少量的保险储备,这样就可以实现生产企业的零库存或低库存,减少资金占用,改善企业的财务状况。零库存是一种特殊的库存概念,是指某种或某些货物的储存数量很低,甚至可以为零,即不保持库存。不以库存形式存在就可以免去仓库存货的一系列问题,如仓库建设、管理,存货的维护、储存、装卸、搬运,存货占用流动资金,以及库存物的老化、损失、变质等问题。

4. 方便用户

由于配送可提供全方位的物流服务,采用配送方式后,用户只要向配送供应商进行一次委托,就可以得到全过程、多功能的物流服务,从而简化委托手续,减少工作量,节省开支。

5. 保证供货

配送中心有比任何单独供货的企业都强的物流服务能力,可使用户减少缺货风险。例如,巴塞罗那大众物流中心承担着大众、奥迪、斯柯达等大众系统数个品牌汽车零部件的配送任务,大众 4 个品牌的汽车在整车下线前两个星期,有关这些车辆的 88 000 种零配件在这里可以全部采购到。假如用户新买的车坏了,那么只要在欧洲范围内,24 小时内就会有专门的配送公司把用户需要的零部件送到手中。

(四)配送的分类

1. 按配送组织者不同分类

组织者是专职从事配送的配送中心。配送中心专业性强、规模较大,有专门的配送设备和设施,按配送需要储存各种商品,储存量较大,和用户有固定的配送关系,一般实行计划配送,需配送的商品有一定的库存量,在一般情况下很少超出自己的经营范围。

物流配送中心化是物流社会化的基础条件。配送中心配送覆盖面较大，是大规模的配送形式，配送能力强，配送距离远，配送品种多，配送数量大，可以承担工业生产主要物资的配送以及向商店实行补货性配送。配送中心的设施及工艺流程是根据配送需要专门设计的，投资建设费用较高，并且一旦建成，就不易改变。

配送组织者也可以是商业或物资的门市网点，除日常零售业务外，根据用户的要求将商店经营的品种配齐，代用户外订或外购一部分本商店平时不经营的商品，和商店经营的品种一起配齐送达用户。此类多是小量、零星商品的配送，很难与大配送中心建立计划配送关系，但可承担生产企业非主要生产物资的配送及消费者个人的配送，是配送中心的辅助及补充形式。

2.按配送商品种类及数量不同分类

第一，单（少）品种、大批量配送。例如，工业企业需要量较大的商品，单独一个品种或几个品种就可达到较大输送量，可由专业性很强的配送中心实行配送。此类配送因配送量大，可使车辆满载并使用大吨位车辆，提高车辆利用率；配送中心内部设置、组织、计划等工作都比较简单，因而配送成本低。在生产领域，由于许多企业的产品品种不多、生产批量大，采用单品种、大批量直接配送方式，如钢铁厂、棉纺厂等，从生产企业将这种商品直接运抵用户，且通过库存控制可不致使用户库存效益下降，采用这种配送方式往往使企业有更好的效益。

第二，多品种、少批量配送。多品种、少批量配送是按用户要求，将所需各种物品（每种需要量不大）配备齐全，凑整装车后由配送据点配送。在新的市场环境下，生产企业为适应市场需求，生产出现柔性化，产品销售快速化；各销售企业为提高市场份额，对自己的产品进行差异化、多样化、个性化处理，并广泛采用多品种、少批量的柔性配送方式。此种配送配货作业水平要求高，配送中心设备较复杂，配货配送计划难度大，要有高水平的组织工作保证和配合，符合现代"消费多样化""要求多样化"的新观念。多品种、少批量配送是许多西方发达国家较为推崇的配送方式。

第三，配套成套配送。配套成套配送是按企业生产需要，尤其是装配型企业生产需要，将生产每一件产品所需全部零部件配齐，按生产节奏定时送达企业，生产企业随即可根据生产进度计划按时将此成套零部件送入生产线进行产品组装的一种配送方式。配送企业承担了生产企业大部分供应工作，使生产企业专注于生产，与多品种、少批量配送效果相同。

3.按配送时间及数量不同分类

第一，定时配送，指按规定时间间隔（如数天或数小时一次，即日配、时配），针对每次配送的品种及数量，可按计划执行，也可在配送之前以商定的联络方式（如电话、计算机终端输入等）通知配送品种及数量。此种方式由于时间固定，易于安排工作计划和计划使用车辆，对用户来讲也易于安排接货力量（如人员、设备等）。

第二，定时、定量配送，指按照规定配送时间和配送数量进行配送。这种方式兼有定时、定量两种方式的优点，是一种精益的物流配送服务方式。但其特殊性强，计划难度大，组织工作难度增加，适合采用的对象不多，通常针对固定客户进行这项服务，不是一种普遍的方式。此种方式的管理和运用，一般都是靠配送供求双方事先的协议来进行的，常常采用"看板方式"来决定配送的时间和数量。在交通与信息技术高度发达的环境下，可在局部区域内应用定时、定量配送服务方式，在生产相对稳定的汽车制造、家用电器、机电产品等物料供应领域使用此种配送方式较好。

第三，定时、定路线配送，指在规定的运行路线上编制到达时间表，按运行时间表进行配送，用户可按规定路线及规定时间接货和提出配送要求，是一种高水平的配送服务方式。采用这种方式有利于配送企业计划安排车辆及人员；在配送用户较多的地区，也可免去过分复杂的配送要求所造成的配送组织工作及车辆安排困难，即依次对多个用户实行共同配送，无须每次决定配送路线、配车计划等问题，因而配送过程较容易监管。从用户的角度来说，运用这种配送方式，用户既可在一定路线、一定时间进行选择，又可有计划地安排接货力量。但此种配送方式对配送线路的交通环境、硬件设施要求较高，并且要保证定时运送，有时会造成车辆装载量不足的浪费。

二、客户服务

（一）客户服务的含义与要素

1.客户服务的含义

从物流角度来看，客户服务是指工商企业为支持其核心产品销售而向客户提供的物流服务。研究表明，现代物流管理的实质就是在顾客满意的基础上，向物流需求方高效、迅速地提供产品。也就是说，现代物流管理以顾客满意为第一目标，在企业经营战略中首先应确立为客户服务的理念，然后实现客户服务差别化。这一定义对不同类型的企业来说都具有普遍性。

从物流角度来看，客户服务是为了满足客户需求所进行的特殊工作，内容包括订单处理、技术培训、客户投诉处理、服务咨询。客户服务也是企业对客户的一种承诺，是企业战略的一个重要组成部分，它与当今企业高度重视的质量管理是完全一致的，必须引起高层管理人员的重视。不能将客户服务狭隘地理解为一种活动或者一套业绩评价，而应将客户服务思想渗透到整个企业，使它的各项活动制度化。

2.客户服务的要素

客户服务涉及公司的许多部门，从物流角度来看，客户服务有四个重要因素，即时间、可靠性、沟通和方便。

（1）时间

从卖方的角度，时间因素通常以订单周期表示，而从买方的角度则是备货时间或补货时间。时间因素包括订单传送、订单处理、订单准备、订单发送。

（2）可靠性

对有些客户来说，可靠性比备货时间更重要，如果备货时间一定，则客户可以使存货最小化，也就是说，若客户百分之百保证备货的时间是10天，则可把存货水平在10天中调整到相应的平均需求，并不需要用安全存货来防止由备货时间引起的波动所造成的缺货。此外，若卖方发错了货，则会使客户无法收到想要的货物，从而有可能面对潜在的销售或生产损失。不正确的订单会使客户不得不重新订货，甚至使客户由于气愤转而向另一个供应商订货。

（3）沟通

订货供应活动中极其重要的两个活动是客户订购信息与订单供应和实际存货、拣货过程的沟通。与客户沟通和交流对物流服务来说是基本的，交流渠道必须永远畅通。没有与客户的接触，物流活动就不能提供有效和经济的服务。然而，沟通是一个双向的过程，卖方必须能够传达重要的客户物流服务信息。

（4）方便

方便是物流服务必须灵活的另一说法。从物流作业的角度看，仅有一个或少数几个对所有客户的标准服务最为理想，但这是以客户服务需求均一致为假设前提的。事实上，这种假设并不实际。例如，某一客户可能要求卖方托盘化并以铁路进行运输，而另一客户则要求非托盘的水路运输，第三个客户可能要求特殊的交货时间。物流服务与客户对包装、运输方式和承运人交流时间要求等有关。卖方一般能根据客户大小、生产线等因素来划分客户，这种划分使物流服务提供者认识到客户的不同要求，并努力以最经济的方式来满足这些要求。

（二）客户服务的作用

随着物流概念的成熟，人们越来越清晰地认识到客户服务已经成为物流系统，甚至是整个企业成功运作的关键，是增强企业产品的差异性，提高产品和服务竞争优势的重要因素。

1.差别化营销的重要方式

在细分化市场营销时期，客户服务已成为企业进行市场竞争的手段之一。长期以来，物流并没有得到人们的高度重视。在大众营销阶段，由于消费呈现出单一、大众化的特征，经营是建立在规模经济基础上的大量生产、大量销售。此时，物流功能只是停留在商品传递和保管等一般性业务活动上，物流从属于生产和消费，从而成为企业经营活动中的附属职能。但是，进入细分化市场营销阶段后，市场需求出现多样化和分散化，而且发展变化十分迅速。在这种状况下，企业的经营任务较以前任何时期都要艰巨，即只有不断符合各种不同类型、不同层次的市场需求，并且迅速、有效地满足其需求，才能使企业在激烈的竞争和市场变化中求得生存和发展。差别化策略中的一个主要内容就是客户服务上的差异。所以，作为客户服务重要组成部分的客户差别化服务，也相应地具有了战略意义。也就是说，客户服务是差别化营销的重要方式。

2.对物流经营绩效具有重大影响

制定客户服务水准是构筑物流体系的前提条件，在物流开始作为企业经营战略重要一环的过程中，客户服务越来越具有经济性的特征，即客户服务有随市场机制和价格机制变化而变化的倾向。或者说，市场机制和价格机制的变动通过供求关系既决定了客户服务的价值，又决定了一定服务水准下的成本。所以，客户服务的供给不是无限制的，否则过高水平的客户服务势必损害企业效益，不利于企业收益的稳定。总之，制定合理或企业预期的客户服务水准是企业决策活动的重要内容之一。

3.对降低物流成本具有较大作用

低成本历来是企业追求的目标之一,而低成本的实现往往涉及商品生产、流通的全过程。除了原材料、零部件、人力成本等各种影响因素,客户服务方式的选择对降低成本具有很大的影响。在市场竞争日趋激烈的今天,由于消费者在购买产品时有低价格倾向,因此一些大型零售业为降低商品购入和物流成本,改变了原来的物流体系,实行由零售主导的共同配送、直送、工厂配送等新型客户服务。这从一个侧面证明了合理的客户服务可以降低企业物流成本。

4.有效联结供应商的重要手段

客户服务作为一种特有的服务方式,一方面以商品为媒介,打破了供应商、厂商、批发商和零售商之间的隔阂,有效地推动了商品从生产到消费全过程的顺利流动;另一方面,客户服务通过自身特有的系统设施不断将商品销售、在库等重要信息反馈给流通过程中的所有企业,并通过知识、诀窍等经营资源的蓄积,使整个流通过程不断地与市场变化相协调,进而创造出一种超越单个企业的价值效益。

5.提高客户满意程度

过去许多企业把重点放在赢得新客户上,而很少放在留住现有客户上,但最近的研究表明,留住客户越来越重要。留住客户和公司利润率之间有着非常高的相关性,这是因为:留住客户就可以留住业务,使摊销在客户上的销售、广告等成本比较低;为老客户服务的成本较少;满意的客户会提供业务中介;不少满意的客户愿意支付溢价。企业需要记住的最重要的问题是:对服务提供者感到不满的客户将被竞争对手获得。留住客户已成为企业的战略问题,物流领域高水平的客户服务能够吸引客户并留住客户。因为对于客户来说,频繁地改变供应来源会增加其物流成本及风险性。

(三)客户服务的重点

1.明确服务核心

一是以顾客为核心的增值服务,这是向买卖双方提供利用第三方专业人员来配送产品的各种可供选择的方式。对仓库来说,有一种普遍流行的做法,即提供"精选—定价—重新包装"服务,以便按仓库、俱乐部和便利店等要求独特配置,以配送制造厂商的标准产品。以顾客为核心的增值服务主要由下列活动构成:处理顾客向制造商的订货,直接送货到商店或顾客家中,按照相关零售店货架储备所需的明细货品规格持续提供递送服务。这类专门化的增值服务可以用来有效地支持新产品的推广,以及基于当地市场的季节性配送。

二是以促销为核心的增值服务,即涉及独特的销售点、展销台配置,以及旨在刺激销售的其他范围很广的各种服务。销售点展销可以包含来自不同供应商的多种产品,组合成一个或多个联结点的展销单元,以便适合特定的零售商店需要。在有选择的情况下,以促销为核心的增值服务还对储备产品的样品提供特别介绍,甚至进行直接邮寄促销。许多以促销为核心的增值服务包括销售点广告宣传和促销材料的物流支持等。在许多情况下,促销活动中所包括的礼品和奖励商品由专业服务机构来处理和托运。

三是以制造为核心的增值服务,这是通过独特的产品分类和配送来支持制造活动的。既然每一个客户的实际设施和制造装配都是独特的,那么在理论上,配送和引入内向流动的材料和部件应进行客户定制化。例如:有一家仓储公司使用多达 6 种不同的纸箱重新包装一种普通的用来洗碗的清洗液,以适应各种促销方案和各种等级的贸易要求;有的厂商按需要对外科手术的成套器具进行装配,以满足特定医师的独特要求;有的仓储公司切割和安装各种长度和尺寸的软管,以适合个别客户所用的不同规格的水泵。这些有关增值服务的例子都是由专业人员承担的。

四是以时间为核心的增值服务,涉及使用专业人员在递送物流客户管理以前对存货进行分类、组合和排序。在以时间为核心的增值服务中,一种流行形式就是准时化供给仓库。在准时化概念下,供应商向位于装配工厂附近的准时化供给仓库进行日常递送,一旦某时某地产生了需要,供给仓库就会对多家卖主的零部件进行精确的分类、排序,然后递送到装配线上去。其目的是在总量上最低限度地减少在装配工厂的搬运次数和检验次数。例如,本田汽车公司就是使用这类准时化服务来支持其装配线的。以时间为核心的增值服务的一个主要特征,就是排除不必要的仓库设施和重复劳动,以期最大限度地提高服务速度。

2.提高物流服务质量

提供良好的服务是企业经营的宗旨,而服务质量又是服务市场营销的精髓,现在物流行业竞争日益激烈,谁的服务质量好,谁的信誉高,谁就能在竞争中赢得客户,求得生存和发展。优质服务能够提高客户的满意度,使客户产生重复购买的愿望,与客户建立长期关系，并使其主动为企业做下面的口头宣传（客户推荐），这些都是企业十分关注的问题。

客户的需要在不断发展，对服务质量的追求也在不断提高。在这一动态的发展过程中，怎样保持良好的服务质量，让客户满意，是企业在客户服务管理中必须考虑的主要问题。

【本章小结】

物流活动包括物流运输、包装、仓储管理、装卸搬运、配送及服务，运输是物流最重要的功能之一，无论在物流领域还是在国民经济领域都具有举足轻重的地位。包装既是生产的终点，又是物流的起点；仓储通过仓库或特定的场所对有形物品进行保管、控制等管理，从克服产需之间的时间差异中获得更好的效用；装卸活动是物流各项活动中出现频率最高的一项作业活动，装卸活动效率的高低，会直接影响到物流整体效率；物流配送及服务是为了满足客户需求所进行的特殊工作，并且是典型的客户服务活动。

通过本章的学习，可以了解物流活动的具体形式，掌握物流基本知识，从而对物流管理基础有更加深入的认识。

【案例分析】

"时代之风"香水

一个好的产品要打入市场首先要有好的包装，这样才能使产品与消费者产生一种潜在的互动，从而为产品成功占有市场打好基础。因此，包装成了众商家开拓及占领市场的必需手段，许多商家也争相为自己的产品精心打造适合消费者心理的包装，进而来占据有利的市场地位。好的包装必须是以人为本、以生活为本的，这样才能赋予市场新的活力。

"时代之风"是当今世界上最为畅销的法国高级香水之一，它是东方花香调的代表作，有难得的清香，独树一帜。其最为著名的是"和平鸽"造型的水晶瓶子，它想阐述的是人类对平安的渴望以及和平给人心灵的抚慰。水晶制成的一对正在展翅飞翔的和平鸽，晶莹剔透，栩栩如生，象征飞翔的时代与时间，爱和温柔与香水的浪漫自然风格相映照。和平、青青永恒，忘却战争的阴影，无忧无虑、轻松地生活，是对这个浪漫品牌最完美的诠释。同时，它在每一瓶香水的瓶盖上，都用手工将羊肠线牢牢绑住，以期为第一个打开香水瓶的主人带来好运。

【问题与思考】

(1) 科学包装的途径有哪些？

(2) 针对此案例，你有何感想？

第五章　第三方物流

【学习目标】
- 明确第三方物流的内涵。
- 了解第三方物流的作用及物流企业的分类。

【引导案例】

宝供物流为宝洁公司提供"门到门"的物流服务

美国宝洁公司是全世界最大的日用消费品生产企业。1992 年，宝洁公司进入中国市场，并在广东地区建立了大型生产基地。对于刚刚进入中国市场的宝洁公司，产品能否及时、快速地运送到全国各地是其能否迅速抢占中国市场的重要因素。宝洁公司为了节省运输成本，在公路运输之外，希望依靠铁路运输解决物流问题，具有较强的物流运输服务需求。

作为日用产品生产商，宝洁公司需要的物流服务对响应时间、服务可靠性以及质量保护体系具有很高的要求。在筛选第三方物流企业时，宝洁公司发现宝供物流承包了铁路货运转运站，以"质量第一、顾客至上、24 小时服务"的经营特色，提供"门到门"的服务。于是，宝洁公司将物流需求建议书提交给宝供物流，对宝供物流的物流能力和服务水平进行了试探性考察。

围绕宝洁公司的物流需求，宝供物流设计了业务流程和发展方向，制定了严格的流程管理制度，其长期良好合作的愿望以及认真负责的合作态度，得到了宝洁公司的认可，顺利通过了考察。宝洁公司最终选择了宝供物流作为自己的合作伙伴，双方签订了铁路运输的总代理合同，开始了正式的合作。

在实施第三方物流服务过程中，宝供物流针对宝洁公司的物流服务需求，建立了遍布全国的物流运作网络，为宝洁公司提供了全过程的增值服务，如：在运输过程中保证货物流动按照同样的操作方法、模式和标准来进行；将货物运送到目的地后，由受过专门统一培训的宝供储运的员工进行接货、卸货、运货作业，为宝洁公司提供"门到门"的服务，并按照严格的质量管理标准和标准作业程序，将宝洁公司的产品快速、准确、及时地送到全国各地的销售网点。

随着宝洁公司业务在中国的增长，仓库存储的需求大幅度增加，宝供物流良好的运作绩效得到了宝洁公司的认同，于是宝洁公司进一步外包其仓储业务给宝供物流。针对宝洁公司的物流需求，宝供物流规划设计和实施了物流管理系统，优化业务流程，整合物流供应链，以"量身定做、一体化运作、个性化服务"的模式满足了宝洁公司的个性化需求，增强了物流的可靠性，降低了物流总成本。在双方合作关系推动下，宝供物流建立了高水准的技术系统以帮助管理和提供全面有效的平台，实现了仓储、运输等关键物流的实时网上跟踪，实现了与宝洁公司电子数据的无缝衔接。宝洁公司和宝供物流的作业流程环节有效整合，使物流更加高效化、合理化、系统化。宝供物流严格和高质量的物流服务，极大地降低了宝洁公司的物流成本，缩短了订单周期和运输时间，提高了宝洁公司的客户服务水平；而宝洁公司不断提高的需求促使宝供物流不断提升物流服务水平，成为当今国内领先的第三方物流企业。

思考：
第三方物流的价值来源是什么？宝供物流为宝洁公司创造了哪些价值？

第一节 第三方物流概述

一、第三方物流的内涵与产生

（一）第三方物流的内涵

第三方物流，是相对"第一方"发货人和"第二方"收货人而言，由第三方专业企业来承担企业物流活动的一种物流形态。第三方物流既不属于第一方，也不属于第二方，而是通过与第一方或第二方的合作来为其提供专业化的物流服务。它没有商品，不参与商品的买卖，而是为客户提供以合同为约束、以结盟为基础的系列化、个性化、信息化的物流代理服务。最常见的第三方物流服务包括：设计物流系统，电子数据交换能力，报表管理，货物集运，选择承运人、货代人、海关代理，信息管理，仓储，咨询，运费支付，运费谈判，等等。由于服务业的工作展开方式一般是与企业签订一定期限的物流服务合同，所以有人称第三方物流为"合同契约物流"。

在某种意义上，第三方物流是物流专业化的一种形式，它随着物流业的发展而兴起，是物流专业化分工的产物。物流业发展到一定阶段，必然会出现第三方物流，而且第三方物流对物流市场的占有率与物流产业的水平之间有着非常紧密的相关性。国外有一种观点认为，独立的第三方物流至少占到社会的 50% 时，物流产业才能形成。所以，第三方物流的发展程度反映和体现着一个国家物流业发展的整体水平。

专业化、社会化的第三方物流的承担者是物流企业。纵观国内外物流业现状，物流企业种类繁多。按照物流企业完成的物流业务范围的大小和所承担的物流功能，可将其分为功能性物流企业和综合性物流企业。

功能性物流企业，也叫作单一物流企业，即它仅仅承担和完成某一项或几项物流功能。可将其进一步分为运输企业、仓储企业、流通加工企业等。

综合性物流企业则能够完成和承担多项甚至所有的物流功能。综合性物流企业一般规模较大、资金雄厚，并且有着良好的物流服务信誉。物流自理企业就是平常人们所说的物流企业。

美国的联邦快递和日本的佐川急便是国际著名的专门从事第三方物流业务的企业，

早在1995年,这两家公司的营业额就分别达到了125亿美元和57亿美元。国内专业化的物流企业主要是一些原来的国家大型仓储运输企业和中外合资、独资企业,如中国储运公司、中外运公司、大通、敦豪、天地快运、EMS、宝隆洋行等。近年来,各公司的营业额均在1亿元以上,营业范围涉及全国配送、国际物流服务、多式联运和邮件快递等。

(二)第三方物流的产生

1. 社会分工的需要

在 Out-souring(外包)等新型管理理念的影响下,各企业为增强市场竞争力,而将企业的资金、人力、物力投入其核心业务中去,寻求社会化分工协作带来的效率和效益的最大化。专业化分工导致许多非核心业务从企业生产经营活动中分离出来,其中就包括物流业务。将物流业务委托给第三方专业物流公司负责,可降低物流成本,完善物流活动的服务功能。

2. 满足新型管理理念的要求

进入20世纪90年代后,信息技术特别是计算机技术的高速发展与社会分工的进一步细化,推动了管理技术和思想的迅速更新,产生了供应链、虚拟企业等一系列强调外部协调和合作的新型管理理念,既增加了物流活动的复杂性,又对物流活动提出了零库存、准时制、快速反应以及有效的顾客反应等更高的要求,使一般企业很难承担此类业务,由此产生了专业化物流服务的需求。第三方物流正是为了满足这种需求而产生的。它的出现一方面迎合了个性需求时代企业间专业合作(或资源配置)不断变化的要求,另一方面实现了进出物流的整合,提高了物流服务质量,加强了对供应链的全面控制和协调,促进供应链整体达到最佳状态。

3. 物流研究与实践发展的结果

物流研究与实践经历了成本导向、利润导向、竞争力导向等三个阶段。将物流改善与竞争力提高的目标相结合是物流理论与技术成熟的标志。这是第三方物流概念出现的逻辑基础。

4. 物流领域竞争激化的产物

随着经济自由化和贸易全球化的发展,物流领域的政策被不断放宽,同时也导致物流企业之间竞争的激化,物流企业不断地拓展服务内涵和外延,从而导致第三方物流的出现。

二、第三方物流的特点

（一）以现代信息技术为基础

信息技术的发展是第三方物流出现的必要条件。信息技术实现了数据的快速、准确传递，提高了仓库管理、装卸运输、采购、订货、配送发运、订单处理的自动化水平，使订货、仓储、运输、流通加工实现了一体化。企业可以更方便地使用信息技术与物流企业进行交流和协作，企业之间的协调与合作有可能在短时间内迅速完成。同时，物流管理软件的飞速发展使混杂在其他业务中的物流活动的成本能被精确计算出来，还能有效管理物流渠道中的商流，这就使企业有可能把原来在内部完成的作业交由物流公司运作。用于支撑第三方物流的信息技术包括实现信息快速交换的电子数据交换（electronic data interchange, EDI）技术、实现资金快速支付的电子资金转账技术、实现信息快速输入的条形码技术和实现网上交易的电子商务技术等。第三方物流在信息技术上所要做的核心工作就是从面向内部管理向市场客户服务转变，所以必须有很好的与客户对接的系统，从而完成客户的指令和满足客户对信息方面的需求。

（二）基于合同管理的契约服务

第三方物流和客户之间存在着契约关系，只有这样才能明确双方的责任和权利。对于第三方物流来讲，还存在另外一种契约关系，那就是第三方物流与供应商之间同样也存在着契约关系。一般来讲，第三方物流会将客户的要求完整地延续到它的供应商，这样的契约关系大多是它们和客户之间契约的延伸，因为只有这样才能满足客户的需求。但是，这种契约关系有别于传统的外包，外包只限于一项或数项独立的物流功能，如运输公司提供运输服务、仓储公司提供仓储服务等。第三方物流则根据合同条款规定的要求，而不是临时需要，提供多功能甚至全方位的物流服务。一般来说，第三方物流公司能提供仓库管理、运输管理、订单处理、产品回收、搬运装卸、物流信息处理，以及产品安装装配、运送、报送、运输谈判等近30种物流服务。

第三方物流虽然也包括单项物流服务，但更多的是提供多功能甚至全方位的物流服务,它注重的是客户物流体系的整体运作效率与效益。同时,第三方物流根据合同条款的要求,而不是客户临时要求来提供规定的物流服务。

(三) 个性化物流服务

第三方物流服务的对象一般比较少,服务时间却较长,一般长达几年。这是因为需求方的业务流程不尽相同,而物流、信息流是随价值流流动的,因此第三方物流服务应按照客户的业务流程来确定。这也表明物流服务从产品推销发展到了市场营销阶段,第三方物流正从过去的面向社会提供服务的传统外包阶段进化到面向企业的个性化服务阶段。第三方物流企业是从客户角度出发为客户提供定制物流服务的,从这个角度来看,第三方物流企业与其说是一个专业的物流公司,不如说是客户的一个"专职物流部门",只是这个"专职物流部门"更有专业优势和管理经验。

(四) 整合社会资源

作为客户的物流服务商,第三方物流能凭借良好的客户关系、先进的信息技术、较为完善的运作网络、系统的解决方案和人才优势等拥有市场和客户;但具体到实际运作,并不能完全满足客户在资源上的需求。因此,第三方物流只能依靠整合社会资源来完善。整合其他资源对第三方物流尤为重要,如果不能整合到服务质量好、具有价格优势的资源,就会造成企业成本增加或者因不能满足客户的需求而导致客户的流失。因此,第三方物流和它的供应商之间存在着共担风险、利益共享的关系,只有对供应商有着良好的控制和相互合作的状况,才能共同保证运作,以及客户的持续、长久的合作。

一个企业的迅速发展光靠自身资源、力量是远远不够的,必须寻找战略合作伙伴,通过同盟力量获得竞争优势,而第三方物流公司扮演的正是这种同盟者的角色。第三方物流企业不是货贷公司,也不是单纯的速递公司,它的业务触及客户企业的销售计划、库存管理、订货计划、生产计划等整个生产经营过程。从长远来看,第三方物流企业的服务领域还将进一步扩展,甚至会成为客户营销体系的一部分。

(五) 网络化经营

第三方物流具有网络化经营的特点,这也是与客户,尤其是一些大客户的经营和销售网络相对应的,只有这样它们才能在运作上对客户负责,依靠网络的运作达到降低单个客户的物流成本的目的，而且整个网络的运作也有利于第三方物流规模的扩大，以形成规模效益。第三方物流在网络运营上的一个很重要的特点是注重网络的规模和效益。

三、第三方物流的作用

据美国权威机构统计，使用第三方物流公司的服务，企业物流成本会下降 11.8%，物流资产下降 24.6%。据调查，在西方发达国家，第三方物流已经是现代物流产业的主体。第三方物流给企业（顾客）带来了众多益处，主要表现在以下四个方面：

1. 集中主业

借助第三方物流，企业能够实现资源优化配置，将有限的人力、财力集中于核心业务，进行重点研究，发展基本技术，开发出新产品，参与全球化的市场竞争。

2. 节省费用

专业的第三方物流提供者利用规模生产的专业优势和成本优势，通过提高各环节能力的利用率实现费用节省，使企业能从分离费用结构中获益。例如，根据对工业用车的调查结果，企业解散自有车队而以公共运输服务代之的主要原因就是减少固定费用。这不仅包括购买车辆的投资，还包括与车间仓库、发货设施、包装器械以及员工有关的开支。

3. 减少库存

企业不能承担多种原料和产品库存的无限增长，尤其是高价值的部件要被及时送往装配点，实现减库存，以保证库存的最小量。第三方物流提供者借助精心策划的物流计划和实时运送手段，可以最大限度地减少库存，改善企业的现金流量，进而实现降低成本的目的。

4. 提升企业形象

第三方物流提供者与顾客不是竞争对手，而是战略伙伴。第三方物流提供者为顾客着想，通过全球性的信息网络使为顾客服务的供应链管理完全透明化，顾客随时可通过信息网络了解供应链的情况。第三方物流提供者是物流专家，它们利用完备的设施和训练有素的员工对整个供应链实施完全的控制，减少了物流的复杂性，还通过遍布全球的运送网络和服务提供者（分承包方）大大缩短了交货期，进而帮助顾客改进服务，树立自己的品牌形象。第三方物流提供者通过"量体裁衣"式的设计，制定出以顾客为导向，低成本、高效率的物流方案，为企业在竞争中取胜创造了有利条件。

第二节　第三方物流企业

一、第三方物流企业的分类

（一）区域性的物流企业

区域性的物流企业主要是指地区的商业储运公司，它们一般依托原来的仓储系统，并拥有自己的车队，在本地区提供基本物流服务和部分增值服务。它们虽然与其他地区的相关公司有联系，但还不够紧密，尚不能成为网络。这类企业的仓库结构和设施比较陈旧，很多地方还是采用楼库（4~5 层）进行仓储。对于租用楼上库房进行储存的企业来说，进出库速度会受到影响。由于历史遗留的行业体制问题，多数企业负担沉重。在管理方法和对物流服务的认识上，多数企业还局限于传统、分离、单一的基本业务，但其收取的服务费用比较低。随着市场竞争的加剧，它们也开始不断提高自己的能力，以适应客户的需求。个别企业随着自身的不断积累，也能做得比较出色，如成都商储物流（集团）有限公司（原四川省商业储运公司）的主要经营业务为：商品储存、运输、中转、配送；办理铁路整车、零担、集装箱发出、到达；公路长途、短途运输，物流配送；各类商品和技术的进出口业务；等等。成都商储物流（集团）有限公司已成为多家外资企业（宝洁、飞利浦、纳贝斯克）在西南地区的第三方物流合作伙伴。

（二）国有企业演变成的物流企业

传统工商企业对物流的控制方式是企业自建的物流系统，所有的物流资源属于企业。随着"加强核心竞争力"管理理念的普及，部分企业将原属于第三产业的物流以外包形式剥离，由原企业的子公司逐步独立并社会化，如：青岛啤酒集团以原有运输公司为基础，注册成立具有独立法人资格的物流有限公司；科健集团将原手机营销体系中的有关售后服务人员、业务和相关资产剥离并组建独立的物流服务公司。

这类物流企业利用原有的物流网络资源，依靠与客户"先天"的亲密合作关系，运用现代经营管理理念，逐步走向专业化、社会化。例如中国外运长航集团有限公司（以下简称"中外运"）、中国邮政集团公司、中国远洋运输总公司（以下简称"中远"）、中储发展股份有限公司等，它们在各自的行业、领域处于垄断或领先地位，规模都比较大，资金实力比较雄厚，且物流设施比商业储运公司要好。虽然它们是全国性的公司，但地方的子公司都是独立核算的，因此除非是很重要的客户，多数客户很难享受到较为全面的配合和统一的协调。这类物流企业一般都能提供全部的基本物流业务和部分增值服务，但价格较商业储运公司稍高。除了像中外运、中远这样的已有多年涉外经营经验的企业，其他的服务商在观念上还是比较落后的，且效率也不是很高。部分企业甚至对客户需求不够重视，灵活性也较差。

传统仓储、运输企业发展第三方物流的优势有以下几个方面：一是客户资源。这些企业掌握大量、稳定的客户源，随着客户需求的不断扩展，企业要为客户提供更加完整和个性化的服务，驱动企业向第三方物流发展。二是网络资源。传统仓储、运输企业大都拥有相对比较健全的物流服务网络资源，这是网络化第三方物流服务的基础。三是运作能力。现代物流服务内容丰富，但核心物流活动依然是信息、运输、仓储，这些活动的能力往往是衡量物流企业运作和管理水平的最重要指标，由传统仓储、运输企业改造转型而来的第三方物流企业在这些方面具有得天独厚的优势。四是地域文化和长期扎根于中华大地建立起来的公共关系等。凭借原有的物流业务基础和在市场、经营网络、设施、企业规模等方面的优势，传统仓储、运输企业不断拓展和延伸其物流服务，逐步转化为现代物流企业。

（三）大型外资跨区域物流企业

虽然由于政策法规的限制，目前这类外资物流企业在绝对数量上不多，但它们在物流行业中还是有着相当的影响力。在新设备投资（特别是 IT 方面）、资金实力、人才培养、观念、经验和管理方法上，这些企业都有着较大的优势。它们往往能够提供较为全面、跨地区的服务。但这类企业主要集中在东部沿海地区，而且其服务对象主要是三资企业。个别的企业已渗透到内地,如宝隆洋行的物流网络,已覆盖全国 50 多个城市。另外,由于要负担它们的投资以及大量的人力成本(特别是外籍员工),它们的收费水平也是较高的。

值得注意的是,这里面的部分物流企业并不拥有运输车辆、仓库等物流设施,它们主要是提供代理服务,通过转租、联营等方式寻求中方物流企业的合作。这样一方面可以充分利用国内的闲置资源,降低其固定资产的投入,从而大大降低运营成本;另一方面,其中方合作伙伴的能力、收费以及双方的沟通,也会给外资物流企业的服务质量和收费水平造成影响。

(四)跨区域的物流企业

作为后进入市场者,跨区域的物流企业多是顺应市场需求和物流发展的趋势而建立的,而且要想在市场中立足并求得发展,就必须有优于传统企业之处。因此,新兴物流企业的定位一般都是成为专业的第三方物流服务提供者。为了在短期内打入市场,规避物流设施投资大、回收期长的风险,很多新进物流企业都采取了非资产型的第三方物流代理模式。它们的服务能力和水平与大型的外资物流服务商相近,但服务地域要广些,不局限于大城市和沿海地区。无论在业务规模、设备投资上,还是在价格上,这些新兴的内资物流企业已开始具备与大型外资物流服务商相竞争的能力。特别是在当地市场的物流运作上,这些公司更具有较强的适应性和灵活性。但在服务、管理方法以及现代信息处理技术的应用方面还略显不足。同时,由于资金实力的限制,这些服务商在当地的许多物流作业也无法完全依靠自身的资源。同样,它们在当地的合作伙伴的能力和收费也影响着它们的服务和收费。

二、第三方物流企业组织管理

(一)第三方物流企业组织管理的概念及内容

第三方物流企业组织管理,具体地说就是为了有效地配置物流企业内部的有限资源,确保以最高的效率实现一定的共同目标而按照一定的规则和程序构成的一种责权结构安排和人事安排。

第三方物流企业组织管理的内容主要有四个方面：一是根据组织目标设计、建立一套组织结构和职位系统。第三方物流企业组织的设计必须以明确的组织目标为核心，在物流业务性质的基础上，将企业组织分成若干个物流部门，并明确各部门的职责与权限。二是确定职权关系，从而把组织上下左右联系起来。第三方物流企业组织管理，就是要对企业的组织层次、管理幅度、部门设置和职权划分进行合理的规划，以保证第三方物流企业组织的高效率沟通。三是与管理的其他职能相结合，以保证所设计和建立的组织结构有效运转。第三方物流企业的组织管理，必须考虑组织内部计划、控制、协调等职能的衔接，保证第三方物流企业组织的正常有序运行。四是根据组织内部和外部条件的变化，适时调整组织结构。组织设计要关注当今世界上社会和经济等领域发生的重大和深刻的变革，当第三方物流企业的周边环境发生改变时，组织设计也应做到与时俱进、开拓创新。

（二）第三方物流企业组织的发展趋势

1. 以扁平化组织结构取代"金字塔"式的组织结构

扁平化组织结构是指对纵向上组织结构的层次进行压缩，加大管理人员的管理幅度。随着技术的发展，在物流公司中层管理人员之间的信息传递功能逐渐被计算机取代，高层管理人员可以直接通过以计算机和互联网等现代信息技术为基础的信息管理系统了解业务、财务等各部门的工作情况。这样既可以节约管理费用，又可以提高信息的传递速度，使组织结构更加精简，趋于扁平化。因此，在物流企业的发展过程中，越来越多地运用计算机技术、EDI技术、射频技术等使组织结构趋于扁平化已成为必然趋势。

扁平化组织结构与传统的"金字塔"式组织结构相比，最显著的特点就是外形扁平，组织层次少，管理幅度增大。传统理论认为管理跨度以3~6人为佳，但这样有可能形成多余的管理层级。扁平化组织则提倡较宽的管理跨度，管理幅度的增大可以带来管理层级的减少，从而有利于及时传递信息和快速响应市场变化。

利用扁平化组织进行企业管理，要注重知识的学习。扁平化组织是一种柔性化组织，它特别强调组织的学习。扁平化组织的知识学习包括两个方面：一是组织内部成员之间的学习。在团队合作过程中，团队成员相互学习，进行知识的共享、转化和创新。二是与外部利益相关者之间的学习。组织扁平化也使管理人员能够及时与客户、供应商、竞争者和其他外部组织保持密切的联系，从而加快组织对外部知识的选择和吸收，并通过对知识的转化和创新，形成自己的核心竞争力。

正因为扁平化组织的这一系列优点，扁平化组织结构越来越被大家接受和认可，国内外越来越多的公司开始采用扁平化组织结构。但要注意，扁平化组织结构牵涉的岗位人员和任务环节非常繁杂，实施扁平化的组织结构也需要企业有一定的管理技能、人力资源、信息技术等方面的基础。因此，我国第三方物流企业应该在清楚认识自身发展现状和市场环境的前提下，谨慎、逐步地进行组织结构的变革，而不是照搬其他企业的经验，盲目扁平化。

2.以弹性化组织结构逐渐代替机械化的组织结构

弹性化组织结构是指物流公司在运营时，采用团队或项目组的形式取代原有的部门独立工作的方式。采用团队工作的方式，可使多个部门的工作人员按照一定规则和制度组织起来，共同完成同一个工作项目。当项目完成时，团队可以解散，所有工作人员重新回到原工作部门，有需要的话，也可以继续保留。在一个工作团队中，员工将分为具有领导能力或沟通能力的项目负责人或各类专家，每人可根据自身特点和专长选择自己的发展方向。将团队合作的方式运用到组织结构中，可使员工更加自由地选择自己喜欢的工作或项目，充分发挥自己的特长，同时还能集合团队的智慧，使企业有更多的发展空间和发展驱动因素。

在组织设计的权变理论中，如明茨伯格组织设计权变理论、劳伦斯和洛希组织设计权变理论，都反映了弹性化组织结构的要求。根据这一原理，首先应使部门结构富有弹性，根据组织目的的需要，定期审核企业内部任何一个部门是否具有存在的必要性，如果有些部门已经没有存在的必要，就应该撤销或改组这个部门。此外，还可设置临时工作小组，以适应组织环境的变化和不同工作性质的需要。弹性化组织结构还要求部门内工作职位的设置富有弹性，可以及时更换和调整。当企业组织结构弹性化后，应建立监控体系，体现虚实结合，企业可设置一个由总经理直接授权的中心控制机构，对企业内部中层管理部门和上下管理层次进行协调，使组织结构既能形成一个网络模式，又具有经济性和灵活性。这种虚实结合，保证了组织结构弹性的空间。营造弹性机制，可实行职能整合，使企业的关键职能部门适度集中，非关键部门则逐步弱化和分散。这种直接权威的适度分散和相对集中，注入了及时激活管理弹性的动力，既能极大地增强管理人员的积极性，又能获得大量真实的信息并将信息进行及时有效的反馈。

弹性化组织结构特别适用于中小型企业。因此，中小型物流企业可根据各部门员工的特长，组建专门的具有特定作用的团队，如市场调研团队、创新团队、业务攻坚团队等，使组织结构具有弹性，既可以满足中小型物流企业对创新的要求，又可以实现知识管理和人本管理。

3. 以网络化组织结构逐渐代替原来的区域性组织结构

目前，随着全球经济一体化的深入，任何一个企业都不可能把所有业务都当作自己的核心业务去发展，不可能在所有业务上成为最突出者、最优秀者，必须以供应链管理的思想联合行业中的上下游企业，建立一条经济利益共享、业务关系紧密相连的行业供应链，实现优势互补的共赢局面，充分利用一切资源来适应社会化大生产的激烈竞争环境，共同增强市场竞争力。特别是在以信息和网络为主要特征的知识经济时代，企业不可能也没有必要完成产品的全部生产。按照效率原则，"专能型"是企业的最佳模式，即在某方面建立自己的优势，然后按照核心能力标准与其他企业开展专业化分工与合作。企业间的专业化分工整合，通过彼此之间的合作来实现，即企业的网络化合作。尤其是当今的第三方物流企业物流范围很广，企业会面临许多难以提供的服务，所以，第三方物流企业利用地域优势，与合作伙伴之间共同建立跨越双方组织界限的团队组织结构就非常重要，这种新型团队组织结构不仅代表新伙伴关系的形成，更成为双方挖掘潜在生产力的重要来源。这种企业间的价值创造源泉，就是企业合作网络。

4. 以客户为主线划分物流公司的内部部门

随着客户需求的多样化、个性化，第三方物流企业要发展，就必须提高其对客户的服务水平。因此，以客户为主线，划分第三方物流公司的内部部门也是物流公司组织结构的发展趋势。第三方物流企业可针对特定的服务对象提供专门的服务，服务要针对性强、水准高，对服务对象及服务内容、方式等方面要进行全面、深刻的了解，能够针对不同的客户需求制定规范化的服务标准和服务程序，使专业化服务的利益体现出来，从而提高第三方物流企业的服务水平，促进其良好发展。

三、第三方物流企业组织的类型

(一)直线型组织结构

直线型组织结构是一种最为简单的第三方物流企业的组织结构类型,这种组织结构的显著特征就是:第三方物流企业中的各种职务按照垂直系统直线排列,各个组织层次的负责人都对被管理者拥有直接的一切职权,对所管理的部门有绝对控制权。这种组织的优点在于结构简洁、管理权集中、权责清楚、指令统一。但它的缺点也很明显:在第三方物流企业发展到一定规模的时候,所有的管理职能都由一个人承担,企业的管理幅度和纵向深度很小,增加了管理失误的可能性;另外,由于每个直线管理部门大多只将注意力集中在各自的部门,各部门之间的联系不密切,部门间的协调性较差。这些局限决定了垂直型物流企业组织结构形式只能适用于那些没有必要按照职能实行专业化第三方物流管理的小型组织,或是在现场的作业管理。这种组织结构在现在的第三方物流企业中已经很少采用。

(二)职能型组织结构

职能型第三方物流企业组织是将物流、营销、财务等活动都看成企业的单个职能或部门,各职能部门的调整全部由最高经营层决策。这种组织的特点是,组织内除直线主管外还相应地设立一些组织机构,分担某些物流管理的业务。

职能型组织的优点如下:①职能型组织可以集中物流专家的力量,取得物流业务的劳动分工效应;②有特定的专业(如运输、包装、仓储、保管、装卸等)领域,在这些领域中引入第三方物流企业思想;③职能制是促进专业化发展和各个专业领域最佳运作的重要途径,实践也充分证明了这点,但是职能型组织的缺点也非常明显:①组织注意的重点是管理层,把市场忽略了;②对于水平方向的流程并没有统一的控制,缺乏协调;③组织职能可能重复,从而导致一些无效工作存在。

从经营者功能的角度看,当组织处于规模较小的阶段时,实行职能型易于有效经营,同时对实现管理活动的一致性也是非常有利的,但是在职能型组织中,经营管理者容易陷入事务性工作,而且管理责任缺乏明确性;从经营者培养的角度看,由于职能型组织涉及物流、营销、财务等多方面的活动,以及不同物流环节、物流市场的协调和控制，因此对经营管理者素质培养的要求比较高；在企业统一性方面，职能型组织具有集权式领导的特征，易于发挥整个企业的力量，保证了经营管理的一致性和统一性；从企业的发展战略角度看，职能型组织只适用于多元化程度较低的、核心业务较为成熟的企业，而且是生产和流通系统相对比较单一的企业，正因为如此，职能型组织难以对第三方物流市场作出快速反应，也不宜走多元化战略的道路；在利益管理体制上，部门间重复投资相对较少，由于实行集权式的管理模式，容易从全局的、长远的利益进行开发、研究、投资，其中的弊端是，无法按照部门的利益来进行管理，不能实现从物流服务到经营各个职能部门阶段成本的有效控制和正常价格的计算，所以难以实现物流成本的控制。

（三）事业部型组织结构

由于职能型组织的特点不利于企业生产、销售和物流活动的有效管理，因此越来越多的企业开始实行事业部型的组织结构。事业部型是一种分权式的管理方法，由于各事业部形成了单独的利益主体单元，因而纠正了集权管理带来的缺点，使企业具有创造性和机动性，促进了整个企业的发展，其中对物流活动的管理也被分配到各事业部单独进行。

事业部型组织结构通过把组织分割为可管理的、更易于考核的业务单位来实现简化，以适应日益复杂的组织增长。但是，事业部型组织结构也会导致短期思维，因为每个业务单位都试图最大化各自的盈利，更多地吸引组织的投资。这样，业务单位之间的协同，特别是新技术的开发和运用，往往会受到掣肘。

一般来说，所有的组织都是按照矩阵结构来运作的。任何一个职能或产品部门的成员都必然会同外部的其他部门或团队接触。职能-物流服务矩阵组织结构的意图就是将组织员工的双重角色体现出来，试图找出一种结构化的解决方案。比如，在物流服务配置技术资源时，可以在必要时满足直线单位的需要，并为某企业资源的分享提供一种方法。作为一种理论上的模型，矩阵组织结构可能是一种较好的解决方案，但实际上，平衡所服务的两个或更多部门的相互冲突，往往是极为困难的。而且，组织矩阵可能变得较为复杂。

(四)动态网络型组织结构

在第三方物流发展过程中,动态网络型组织结构是目前比较流行的一种新形式的组织结构,是一种管理层对于新技术,或者来自海外的某些企业较低成本的竞争能具有更大的适应性和应变能力的组织设计。其中,网络结构是一种很小的中心组织,而且是依靠其他的组织以合同为基础,进行运输、配送、储存、包装、营销或者其他具有关键业务的经营以及活动的结构。而且在网络型的组织结构中,组织的大部分职能从组织外"购买",这就给第三方物流企业管理层提供了高度的灵活性,并使组织可以集中精力来做它们最擅长的事。

网络型组织结构是一种很精干的中心机构,以契约关系的建立和维持为基础,依靠外部机构进行运输、配送、销售或其他重要业务经营活动的组织结构形式。被联结在这一结构中的各经营单位之间并没有正式的资本所有关系和行政隶属关系,只是通过相对松散的契约(正式的协议契约书)纽带,通过一种互惠互利、相互协作、相互信任和支持的机制来进行密切的合作。

采用网络型的组织结构,就是通过公司内联网以及公司外互联网,创建一个新的物理和契约"关系"网络,与独立的供应商、销售代理商、制造商及其他机构达成长期协作关系,促使他们按照契约中的要求来执行相应的物流运作功能。由于网络型企业组织的大部分活动都是外协或者外包的,所以公司的管理机构其实就只是一个精干的经理班子,负责监管公司内部各种活动的开展,同时协调和控制与外部协作机构之间的关系。

动态网络型组织结构的优点有:第一,网络型组织结构不仅极大地促进了企业经济效益快速实现质的飞跃,而且提高了管理的效益;第二,实现了企业全世界范围内的供应链与各作业环节的有机整合;第三,简化了机构和管理的层次,从而实现了企业的充分授权式的管理,使组织结构不仅有了更大的灵活性,还有了一定的柔性,其中以项目为中心的合作可以更好地结合市场需求来对各项资源进行整合,也便于随时根据市场需求的变动而增加、调整甚至撤销;第四,这种组织结构非常简单、精练,组织中的大多数活动都实现了不同程度的外包,而这些活动更多的是靠电子商务来协调、处理,可以使组织结构更加扁平化,同时提高效率。

动态网络型组织结构的突出缺点有:第一,可控性太差。这种组织的有效动作就是通过与独立的供应商密切合作而实现的，但由于存在着有关道德风险和逆向选择的问题，一旦组织所依存的外部资源出现问题，如提价问题、质量问题、及时交货等一系列问题，组织就会陷入一种被动的境地。第二，与外部合作的组织一般都是临时的，如果组织中的某一个合作单位因故退出且其具有不可替代性，组织将会面临解体的危险。第三，由于项目是临时的，员工会面临随时被解雇的可能，员工对组织的忠诚度也会比较低，因此网络组织还需要构建较高要求的组织文化，以保持组织的凝聚力。

第三节 第三方物流的价值

一、第三方物流的价值来源

第三方物流发展的推动力就是要为客户及自己创造价值。第三方物流公司必须凭借有吸引力的服务来满足客户需要，服务水平必须符合客户的期望，同时不仅要使客户在物流方面得到利润，而且要使自己获得收益。因此，第三方物流公司必须通过物流作业的高效化、物流管理的信息化、物流设施的现代化、物流运作的专业化、物流量的规模化来创造价值。

（一）作业利益

第三方物流服务首先要能为客户提供物流作业利益。一方面，第三方物流公司可以通过第三方物流服务，提供给客户无须依靠自身的物流服务或物流服务需要的生产要素，这是产生物流外包并获得发展的重要原因。在企业自行组织物流活动的情况下，或者局限于有限的组织物流活动需要的专业知识，或者局限于自身技术条件的欠缺，企业内部物流系统难以满足自身物流活动的需要，而企业自行解决这一问题又往往是不经济的。另一方面，第三方物流公司可以改善企业内部管理的运作表现，增加作业的灵活性，实现质量和服务、速度和服务的一致性，使物流作业更具效率。

（二）经济利益

为客户提供经济或与财务相关的利益是第三方物流服务存在的基础。一般低成本是由低成本要素和规模经济的经济性创造的，其中包括劳动力要素成本。通过第三方物流，企业既可以将固定成本转变成可变成本，又可以避免盲目投资，将资金用于其他用途，从而降低成本。

稳定可见的成本也是影响物流外包的积极因素，稳定成本时的规划和预算手续更为简便。一般来讲，一个环节的成本难以清晰地与其他环节区分开来，但通过物流外包，使用第三方物流服务，由物流服务商申明成本和费用，成本的明晰性就增强了。

（三）管理利益

第三方物流服务给客户带去的不仅仅是作业的改进及成本的降低，还应该有与管理相关的利益。正如前面所述，物流外包可以使企业使用不具备的管理专业技能，也可以将企业的管理资源用于别的用途中去，并与企业核心战略相一致。物流外包可以使公司的人力资源集中于公司的核心活动，同时获得第三方物流公司的核心经营能力。

此外，如资源单一和减少供应商数目而带来更高的利益也是物流外包的潜在原因。资源单一减少了公关等费用，并减轻了公司在几个运输、搬运、仓储等服务商间协调的压力。第三方物流服务可以给客户带来的管理利益还有很多，如订单的信息化管理、避免作业中断、运作协调一致等。

（四）战略利益

物流外包还能产生战略意义，即灵活性，包括地理范围块度的灵活性（设点或撤销）及根据环境变化进行调整的灵活性。集中主业在管理层次与战略层次一样重要。共担风险的利益也可以通过第三方物流服务来获得。

二、第三方物流运作价值

第三方物流服务供应商面临的挑战是要能提供比客户自身物流运作更高的价值,因此它们不仅要考虑来自同类服务提供者的竞争,还要考虑潜在客户的内部运作。第三方物流提供商一般需要从提高物流运作效率、与客户运作整合、发展客户运作等三方面来创造运作价值。

(一)提高物流运作效率

物流运作效率的提高意味着对每一个单独的物流活动进行开发(如运输、仓储等)。例如:仓储运作效率的高低取决于设施和设备是否足够,以及运作技能是否熟练。运作技能除了作业技能,还包括协调和沟通技能。协调和沟通技能在很大程度上与信息技术相关联,一般是通过信息技术这一工具来实现的。如果存在着有利的成本因素,并且公司的注意力集中在物流方面,那么用较低的成本提供更好的服务是非常有可能实现的。

(二)与客户运作整合

1.客户运作整合

引入多客户运作机制是第三方物流服务带来增值的方法之一。例如,多客户整合的仓储和运输网络,可以把相似的资源结合起来,整合的运作规模效益将成为提高效益的重要方面。第三方物流整合运作的复杂性很高,需要更多的信息技术与技能。这一整合增值方式,在单个客户进行内部运作运输与仓储网络不经济时也适用。因此,表现出来的规模经济效益是递增的,如果运作得好,则将产生更大的竞争优势及建立更强的客户基础。当然,一些拥有大货物量需求的大客户也常常通过培养职工协调和沟通技能及投资来自行整合公司的物流资源。

2.横向或者纵向整合

前面讨论的主要是第三方物流客户的内部运作外包化带来的效益的提高,其实从第三方物流服务供应商角度来看,也需要进行资源整合、业务外包。对主要以管理外部资源为主的第三方物流服务供应商来说,所拥有的为客户创造价值的能力是强有力的信息技术和物流规划管理与实施等技能，它可以通过纵向整合，购买具有成本和服务优势的单项物流功能作业或资源，发展同单一物流功能提供商的关系。这样，物流供应商可以专注于自己核心能力的服务。在横向上，第三方物流公司如果能够结合类似的但不存在竞争的公司，便可以多个公司联合起来为客户服务，扩大为客户提供服务的地域覆盖面积。

（三）发展客户运作

第三方物流公司为客户创造价值的方式之一是通过发展客户公司及组织运作来获取价值，这种第三方物流服务基本上接近传统意义上的物流咨询公司所做的工作，不同的是这时候提出的解决方案要由物流供应商自己来实施并最终完成运作。物流增值活动的驱动力存在于客户自身的业务过程中，所增加的价值涉及供应链管理与整合。

三、第三方物流价值分类

（一）成本价值

在竞争激烈的市场上，降低成本、提高利润率往往是企业追求的首要目标。物流成本通常被认为是企业经营中较高的成本之一，控制物流成本，就等于控制了总成本。完整的企业物流成本，应该包括物流设施设备等固定资产的投资、仓储、运输、配送等费用（即狭义的物流费用），以及为管理物流活动所需的管理费、人工费和伴随信息传递、处理等所产生的信息费等广义的物流费用。在衡量物流成本的变动时，应全面考虑所有这些有关费用的变动，而不能仅以运输费用和仓储费用的简单相加作为考察物流成本变动的指标，否则企业在进行物流成本控制或采用第三方物流后，最终核算时有可能得出企业物流成本不降反升的错误结论。

企业考虑把物流活动运作外包给第三方物流的最大驱动力是降低成本。因为企业自己不需要花费时间与精力在物流基础设施、相关员工等方面，可以直接将物流业务外包给第三方物流公司，以支付服务费用的形式获得物流服务，从而达到使公司的固定成本转化为可变成本的目的，这对于业务量受季节性影响变化较明显的公司来说意义更大。

一家第三方物流公司因为具有强大的购买能力及货物配载能力，可以从运输公司或者是其他物流服务商那里得到比其他类型的企业更为廉价的运输报价，也可以通过自身广泛的节点网络实行共同配送，以降低配送成本，提高配送效率，还可以从运输商那里大量地购买运输能力，然后集中配载不同顾客的各种货物，从而大大降低单位运输的成本。帮助企业提高顾客服务水平和质量是第三方物流所追求的根本目标，企业根据第三方物流企业的节点网络和信息网络，能够提高订单的处理速度，快速响应顾客的订货要求，从而缩短从订货到交货的时间，顾客对"门到门"运输方式的需求，实现货物的快速交接与付款，提高顾客的满意程度。

第三方物流通过先进的现代信息技术及通信技术，可以加强对在途车辆和货物的监控，便于发现和处理配送过程中的意外情况，保证将货物及时、安全地送到目的地，最大限度地实现对顾客的承诺。产品的送货上门、退货处理、售后服务、废品回收等也可以由第三方物流企业来完成，保证企业为顾客提供稳定、可靠的高水平服务。

（二）风险规避价值

企业在自己运作物流时，所要面临的风险主要有两种：第一是投资的风险。对物流设施、设备及运作等的巨大投资，本身就是一种风险；同时，由于这些物流设施的波动需求，对物流管理的能力相对低下，企业内部物流资源容易闲置浪费，这也属于投资的风险。第二是存货的风险。企业由于自身配送速度、管理水平和精力的限制，常常准备大量库存，目的是能对顾客订货及时作出反应，防止缺货，实现快速交货。然而存货要占用大量流动资金，随着时间的推移，存货的变现能力会减弱，从而造成巨大的资金风险。

假如企业利用第三方物流的配送及运输网络，根据它的管理控制方法与能力，不仅可以提高响应顾客需求的速度，缩短存货的流动周转时间，从而减少企业内部的安全库存量，降低资金风险，还可以把企业的一部分风险分散出去。

（三）提升竞争力价值

鉴于越来越细的专业化分工，企业做不到每个方面都考虑周全，任何企业都会遇到自身资源短缺的情况。所以，如果物流运作不是企业的核心业务，则应该把物流运作外包给第三方物流企业来承担，这样有利于企业专注于自身的核心业务，提高企业的竞争力。

(四) 社会价值

除了独特的经济效益,第三方物流还拥有一个容易忽略的价值,那就是它的社会价值。当今,在中国经济发展速度由逐渐加快到趋于平稳的过程中,环境遭到了不同程度的破坏,而第三方物流可减少能源消耗,减少汽车废气排放量和噪声污染等,有利于环境的恢复与改善,促进经济的可持续发展,还可将社会的许多闲置物流资源进行有效整合、利用,缓解城市交通压力。因此,第三方物流的成长和逐步完善可带动中国物流业又好又快发展,对中国经济转型、产业结构调整和优化有着重要的意义。

第六章 供应链管理

【学习目标】
- 了解供应链的概念与类型。
- 掌握供应链管理的内涵、特点和内容。
- 掌握供应链管理的快速反应方法。

【引导案例】

戴尔制造的秘密

戴尔公司于 1984 年由迈克尔·戴尔（Michael Dell）创立，总部设在美国得克萨斯州奥斯汀，是全球领先的 IT 产品及服务提供商，也是全球 IT 界发展最快的公司之一。戴尔公司于 1996 年开始通过公司网站采用直销手段销售计算机产品，在 20 年的时间里从一个电脑零配件组装店发展成为世界 500 强的大公司，其直线订购模式以及高效的供应链管理是其实现高速发展的保证。

戴尔公司在创立之初主要给客户提供电脑组装服务，在研发能力和核心技术方面与业界的惠普等公司有着一定的先天差距，要想在市场竞争中占据一席之地，就必须进一步分析计算机行业的价值链，依靠管理创新获取成本优势。因此，戴尔公司在发展过程中虽有业务和营销模式的革新，但把重点放在成本控制和制造流程优化等方面，尤其是创造了直销模式，减少了中间渠道，使其可以直接面对最终消费者，达到降低成本的目的。

思考：是何种制造和运作模式保证了戴尔直销模式的成功呢？

第一节　供应链概述

一、供应链的概念

20世纪后半叶，科学技术的迅猛发展，使市场竞争更加激烈，促进了全球经济的一体化和用户需求的多样性，同时也带来了不确定性的增加，这些都对传统企业管理运作模式提出了新的挑战。供应链管理出现于20世纪80年代，因其在压缩库存、降低成本、改善对顾客的服务等方面的优势而备受瞩目，在发达国家迅速兴起。供应链管理改变了企业的竞争方式，把一个企业之间的竞争转变为整个供应链联盟的竞争，是企业增强竞争力的重要途径。

现代社会人们的生产及生活所需的物品，都要经过最初的原材料生产、零部件加工、产品装配和分销，最终才能进入消费的过程。在这个过程中，既有物质形态的产品，又有非物质形态的产品（如服务）产生。它涉及原材料的供应商、制造商、销售商、运输服务商及最终用户等多个独立的主体和其相互之间的交易，并因此形成物流、信息流、资金流和服务流，直至送达消费者身边。供应链的驱动因素之一是客户的需求，供应链都是始于客户需求，然后逐步向上延伸的。因此，需求链是指从企业的销售开始，到客户、客户的客户，直至销售终端和消费者所形成的一条销售和服务链，其重点是更好地满足市场需求，对下游进行管理。需求链虽然以客户需求为中心，但还是要与供给同步，也离不开原材料生产、批发、零售等供给环节。在需求链中的客户、客户的客户之中，前者都是后者的供方。这表明需求链不仅包含需求，也包含供给。

供应链是围绕核心企业，通过对信息流、物流、资金流的控制，从采购原材料开始，制成中间产品以及最终产品，最后由销售网络把产品送到用户手中的，将供应商、制造商、分销商、零售商直到最终用户连成一个整体的功能网链结构模式。供应链是一个范围很广的企业结构模式，它包含所有加盟的节点企业，从原材料的供应开始，经过链中不同企业的制造加工、组装、分销等过程直到最终用户。它不仅是一条连接供应商到用户的物料链、信息链、资金链，而且是一条增值链。物料在供应链上因加工、包装、运输等过程而增加了价值，给相关企业都带来了收益。供应链一般分为内部供应链和外部供应链。形象一点,我们可以把供应链描绘成一棵枝繁叶茂的大树,生产企业构成树根,独家代理商则是主干,分销商是树枝和树梢,满树的绿叶红花是最终用户;在根与主干、枝与干的一个个节点,蕴藏着一次次的流通,遍体相通的脉络便是信息管理系统。

二、供应链设计

在现实中,产品供需关系是十分复杂的,供应链中的任一节点企业都会与多个节点企业发生直接或间接的交易关系。企业并不只是参与一个供应链,还会在不同的供应链中担任不同的角色,再加上市场上的各种不确定因素,现实生活中的供应链实际上比理论上的更复杂、更令人难以捉摸。从理论方面来看,该种结构能够覆盖全世界所有的企业。在网状模型中,一个企业是一个节点,各企业之间有着一定的联系。在一般情况下,某个企业仅与有限个企业进行贸易往来,并不会改变供应链网状模型的理论假设。该模型能够很好地描述供应关系,以便对供应关系进行宏观把握。

供应链的正常有效运行对企业而言十分重要。有效的供应链能够使企业具有更好的竞争优势、服务水平、工作效率,能够以较好的柔性平衡好成本与服务,并进一步渗透到新的市场中去。如果供应链的设计不合理,就会造成浪费甚至是失败。因此,要想设计出来的供应链能够有效运行,就要把产品作为重点,充分了解客户的实际需求,产品的寿命周期、产品多样性及客户需求预测、订货提前期和服务的市场标准等都是设计供应链的主要影响因素。总之,必须设计出与产品特性一致的供应链,即研究基于产品的供应链设计策略。

(一)供应链的类型

1.平衡的供应链和倾斜的供应链

这是基于供应链容量与客户需求的关系来划分的。虽然供应链都拥有相对稳定的设备容量和生产能力,但由于客户需求不固定,供应链只有在其容量符合客户需求的条件下才是平衡的。当供应链因市场的剧烈变化产生库存增加、成本升高等现象时,供应链是处于倾斜状态的。

2.效率型供应链和反应型供应链

按照产品在市场上的表现特点,可将产品分为功能型和创新型。功能型产品是指满足用户基本需求的产品,其需求稳定、寿命周期长。然而,其需求等各方面相对稳定容易导致竞争,从而造成较低的边际利润率,日常用品一般属于这种类型。创新型产品指那些满足人们基本需求以外需求的产品。对于此类产品,为了避免利润降低,许多公司会在产品的外形和技术上不断更新,给人们提供更多购买自己产品的理由。虽然创新能给企业带来更高的利润,但就创新型产品的新奇性而言,同样也使其需求变得难以预测。因此,创新型产品的寿命周期短,一般只有几个月,模仿者会迅速侵蚀掉创新型产品的竞争优势,这就要求公司不断更新创新型产品。这类产品生产周期短、类型多样,又进一步增加了其需求的不可预测性。两种产品需求特征的比较如表6-1所示。

表6-1 两种产品需求特征的比较

需求特征	功能型产品	创新型产品
需求预测	可预测	不可预测
产品寿命周期/年	>2	1~3
边际贡献/%	5~20	20~60
产品多样性/种	低(10~20)	高(数以百万计)
平均预测失误率/%	10	40~100
平均缺货率/%	1~2	10~40
季末降价率/%	0	10~25
按订单生产的提前期	6~12个月	1~14天

以上两种产品特点的不同,决定功能型与创新型产品的供应链是不同的。进行供应链和产品类型的匹配,需要对效率型和反应型供应链的功能有全面的认识。

效率型供应链主要发挥物料转换的功能,具体来说,就是用尽可能低的价格把原材料转化成零部件、半成品、产品,以及在供应链中的运输等;反应型供应链主要发挥供应链对市场需求的响应功能,即根据消费者的需求,把产品分配到合适的市场上,并对各种无法预测、没有预测或者突然的需求作出快速反应。效率型供应链和反应型供应链的比较如表6-2所示。

表 6-2 效率型供应链和反应型供应链的比较

比较项目	效率型供应链	反应型供应链
基本目标	以最低的成本供应可预测的需求	快速响应不可预测的需求，使缺货、降价、废弃率最小化
生产方面	保持较高的平均利用率	配置多余的缓冲机制
库存策略	实现高周转，使链上库存最低	合理配置零部件
前置期	在不增加成本的前提下压缩前置期	积极投资以缩短前置期
供应商选择依据	主要根据成本和质量	主要根据速度、柔性和质量
产品设计策略	最大化绩效和最小化成本	使用模块化设计，尽可能减少产品差异

要想设计出与产品的需求相一致的供应链，就需要充分了解产品的特点和供应链的功能。供应链类型与产品类型策略匹配度如表 6-3 所示。

表 6-3 供应链类型与产品类型策略匹配度

供应链类型	产品类型	
	功能型产品	创新型产品
效率型供应链	匹配	不匹配
反应型供应链	不匹配	匹配

从表 6-3 可以看出产品与供应链是否匹配，并以此判断供应链流程设计与产品的类型是否一致。

3．稳定型供应链和动态型供应链

这两种类型是按照供应链是否稳定来进行划分的。如果市场需求比较稳定、简单、波动不大，就会组成稳定型供应链；如果市场需求变动大，情况较复杂，就会组成动态型供应链。

4．敏捷型供应链

在管理供应链时，要同时处理需求端和供应端两个方面的不确定性问题。在市场的变化越来越快的情况下，那些具有较高应变能力的企业能够及时利用敏捷策略渡过难关，而那些不具备应变能力的企业则面临被市场淘汰的局面。

（二）基于产品的供应链设计步骤

1.分析市场竞争环境

该步骤是为了弄清楚针对什么样的产品设计出的供应链才能有效运行。为此，首先要充分掌握当前消费者的需求。通过调查供应者、竞争者及消费者来分析当前市场的特征，并通过分析消费者的实际需求、消费者在市场中所占的份额等问题，来了解消费者的实际需求。

2.分析企业现状

该步骤是分析企业供需管理的现状，目的是研究出企业供应链的开发方向，并找出企业的问题和阻碍供应链设计的各种因素。

3.提出供应链设计的目标

在充分了解企业产品的基础上，根据供应链的可靠性与经济性，提出供应链设计的目标。目标的设定要能够均衡提高服务水平与降低库存投资目标间的关系，同时又不能忽略提高客户满意度、提高效率、降低成本、保证质量等目标。

4.建立供应链设计目标体系

其目的是使高服务水平和低投资成本目标得到均衡，并实现其他一些目标，包括进入新市场、开发新产品、开发新分销渠道、改善售后服务水平、提高客户满意度、降低成本、通过降低库存提高工作效率等。

5.分析供应链的组成

通过分析供应链是由什么组成的，可以描绘出供应链的基本框架。供应链不仅由制造商、供应商、分销商、零售商、用户等成员组成，而且包括供应链成员的选择与评价的标准。

6.分析和评价供应链设计

它是开发和实现供应链管理的第一步。首先要结合企业与供应链联盟内的资源情况，对供应链设计进行可行性分析，然后向供应链的开发者提出一些建设性的意见和技术支持。若供应链能够正常运作，则可以继续进一步地设计；若不能正常运作，就要返回上一步或者从头开始设计，调整企业或建议用户，更新产品设计。

7.设计和产生新的供应链

各企业必须参与供应链的设计，以保证供应链的有效运行。该步骤主要包括供应链的组成设计、原材料的来源分析、生产设计、分销任务与能力设计、信息管理系统设计、物流管理系统设计等。

8.检验新供应链

在设计好供应链之后,需要对新的供应链进行试运行测试,以便确定供应链能否有效运行。如果测试结果有问题,就要进行重新设计;如果能够正常运行,就可以开始进行供应链管理。

9.完成供应链设计

供应链的实施需要综合核心企业的协调、控制和信息系统的支持,把整个供应链串联成一个整体,实现从工业设计到配送的整个过程的供应链控制与协调。

第二节 供应链管理概述

一、供应链管理概念、基本内涵和核心理念

(一) 供应链管理的概念

根据《物流术语》对供应链管理的定义,供应链管理是指从供应链整体目标出发,对供应链中采购、生产、销售各环节的商流、物流、信息流及资金流进行统一计划、组织、协调、控制的活动和过程。供应链管理是管理策略而不是供应商管理,它十分注重企业间的合作,为了增强供应链的运行效率,供应链管理会集成若干个不同的成员企业。

供应链与传统供应系统有所差异,供应链是从需求端到供应端,而传统的供应系统则是从采购到销售。供应链管理的出现是思想上的一种创新,人们必须破除之前的固有思想对企业资源的影响,进行资源配置上的创新。供应链管理涉及多种"流"的流动,是各种"流"及其流程的集成。也有人认为供应链管理是实施管理思想的一系列活动(集成化行为、信息共享、风险共担、合作、流程集成等)或一系列管理流程。

（二）供应链管理的基本内涵

第一，强调核心竞争力。为了实现横向一体化，首先要充分了解、掌握企业的核心资源并加以利用，从而提高企业的核心竞争力。

第二，资源外用。强调把非核心业务外包给第三方合作企业，并以此建立与第三方企业的战略联盟关系，以充分利用双方的资源。

第三，合作性竞争。与曾经的竞争对手握手言和，建立战略联盟关系，合作开发与设计，共享成果。

第四，以顾客满意度为目标的服务化管理。上游企业在为下游企业提供物料之余，还要考虑如何以最低的成本来提供最优质的服务。

第五，流程的集成。供应链管理涉及商流、物流、信息流、资金流、组织流、工作流、价值流等，它强调必须将这些流动对象及流程集成起来，要想实现供应链企业协调运作的目标，就必须实现跨企业流程集成化。

第六，借助信息技术实现管理目标。借助信息技术实现管理目标是宏观信息流管理的先决条件。

第七，多关注物流企业的参与。物流在供应链中的地位不言而喻，缩短物流周期的作用比缩短制造周期的作用更大。

第八，延迟制造原则。延迟制造原则使企业能充分满足最终用户的需求，促使整个供应链上的企业联动起来，实施同步化运作，实现无缝连接，增强企业的柔性。

（三）供应链管理的核心理念

供应链管理的核心理念主要有：①从纵向一体化管理转向横向一体化管理的理念；②从职能管理转向流程管理的理念；③从产品管理转向客户管理的理念；④从企业间交易性管理转向关系性管理的理念；⑤从物质管理转向信息管理的理念；⑥从零和竞争转向合作竞争的理念；⑦从实有资源管理转向虚拟资源管理的理念；⑧从简单的多元化经营转向核心竞争力管理的理念。

二、供应链管理的内容及特点

（一）供应链管理的内容

供应链管理涉及生产计划、供应、物流和需求四大领域。供应链管理是以同步化、集成化生产计划为指导，以各种技术为支持，围绕供应、生产作业（主要指制造过程）、物流、满足需求来实施的。

在以上四个领域的基础上，我们可以将供应链管理细分为职能领域和辅助领域。职能领域主要包括产品工程、产品技术保证、采购、生产控制、库存控制、仓储管理、分销管理。而辅助领域主要包括客户服务、制造、设计工程、会计核算、人力资源、市场营销。

由此可见，供应链管理关心的并不仅仅是物料实体在供应链中的流动。除了企业内部与企业之间的运输问题和实物分销，供应链管理还包括以下内容：①战略性供应商和用户合作伙伴关系管理；②供应链产品需求预测和计划；③供应链的设计（全球节点企业、资源、设备等的评价、选择和定位）；④企业内部与企业之间物料供应和需求管理；⑤基于供应链管理的产品设计与制造管理、生产计划、跟踪和控制；⑥基于供应链的用户服务和物流（运输、库存、包装等）管理；⑦企业间资金流管理（汇率、成本等问题）；⑧基于互联网的供应链交互信息管理；等等。

供应链管理注重总的物流成本（从原材料到最终产成品的费用）与用户服务水平之间的关系，为此要把供应链各个职能部门有机地结合在一起，从而最大限度地发挥出供应链整体的力量，达到供应链企业群体获益的目的。

（二）供应链管理的特点

1.基于流程的集成化管理

供应链管理以流程为基础，贯穿供应链的全过程。集成包括管理的思想集成、组织集成、手段集成、技术方法集成及效益集成等。集成的目的是消除部门间和企业间的障碍，从而使供应商的物流与用户需求协同，从而提高服务水平和降低库存。最终目的不仅仅是节点企业、技术方法等的简单连接，也包括使整个供应链产生的价值最大化，克服缺乏沟通与协调及各自为政、分散片面等弊端，实现聚合效应。

2. 全过程的战略管理

供应链组成要素构成网链结构,使产品的各个阶段、各个环节不再独立,而是紧密地凝成一个有机整体。供应链中成员企业的职能目标之间存在着利益冲突,在这种情况下,企业的顶层领导必须清楚地了解到供应链管理的整体性和重要性,知道要想实现供应链的管理目标,就必须运用战略管理的思想。

3. 提出了全新的库存观

在传统的库存观中,库存是维持生产和消费必不可少的环节。所谓减少或增加库存,只是在一个大市场中的库存转移,其库存总数在实质上是没有变化的。

在供应链管理的环境下,由于供应链上各企业结成了业务伙伴,总体库存能够得到很大程度的降低,同时通过信息共享,以信息取代库存,大大降低了实际库存的总量。

4. 以最终用户为中心

无论供应链渠道的长度是多少,其节点企业的类型有多少,它始终是由最终用户的需求来驱动的。供应链若想得到发展,就必须建立在满足最终用户需求的基础上。为此,企业要通过全心、全意、全力为最终用户提供服务,让他们满意,从而取得共赢。

三、供应链管理与传统物料管理的区别

供应链管理与传统的物料管理有着明显的区别,首先体现在供应链管理把供应链中所有节点企业看作一个整体,涵盖从供应商到最终用户的采购、制造、分销、零售等职能领域,即整个物流过程。其次,供应链管理强调和依赖战略管理。"供应"是整个供应链中节点企业之间共享的一个概念(任意两节点之间都是供应与需求的关系),同时它又是一个有重要战略意义的概念,因为它影响或决定了整个供应链的成本和市场占有份额。供应链管理最关键的是需要采用集成的思想和方法,而不仅仅是节点企业、技术方法等资源简单的连接。最后,供应链管理具有更高的目标,通过管理库存和合作关系去达到高水平的服务,而不是仅仅完成一定的市场目标。

第三节 供应链管理的快速反应方法概述及实施步骤

供应链管理最早多是以一些具体的运作技术和方法出现的,生产运作、物流运作、营销运作、财务技术等供应链管理技术已经广泛应用于各种企业。其中,快速反应是最常用的供应链管理方法之一。

一、快速反应方法概述

(一)快速反应的概念

快速反应(quick response, QR)是指企业面对多品种、小批量的买方市场,不是储备了"产品",而是准备了各种"要素",在用户提出要求时,能以最快速度抽取"要素",及时"组装",提供所需服务或产品。快速反应起源于美国的纺织服装行业。由美国的零售商、服装制造商和纺织品供应商共同开发的整体业务反应机制,缩短了从原材料供应到产品销售的整个过程的时间,减少了库存,从而提升了供应链管理的工作效率。

在快速反应的要求下,零售商必须与供应商合作,通过信息共享,判断商品的补货需求,并根据市场需求的不断变化开发设计合适的新产品,尽量在第一时间对消费者的需求作出反应。

快速反应的运行需要经历以下三个阶段:第一阶段是用 EAN/UPC 条码来标记所有产品,用 ITF-14 条码来标记商品贸易单元,用 UCC/EAN-128 条码来标记物流单元。并把订单和发票报文通过 EDI 进行传输。第二阶段是在第一阶段的基础上,增加与内部业务处理有关的策略,如自动补库与商品即时出售等,并通过 EDI 传输更多的报文。第三阶段是加强与贸易伙伴之间的关系,实施更高级别的 QR 策略,从而使企业能在第一时间对消费者的需求作出反应。在实施 QR 策略时,比较困难的是与贸易伙伴的合作,而对于企业自身业务的优化,并不是一件难事。所以,在实施快速反应策略时,供应链上的企业只有把自己当作系统中的一部分,才能保持或提高供应链的整体效益。

(二)快速反应方法的产生背景

20 世纪六七十年代,美国的杂货行业受到国外进口商品的猛烈冲击。20 世纪 80 年代初,美国自产的鞋、玩具和电器等在其本国的市场占有率已经下降到了 20%。与之相反的是,其国内进口服装占到全国市场的 40%。为了能在与进口商品的竞争中占据优势地位,美国的纺织与服装行业一方面通过法律手段寻求行业保护,另一方面通过购买更多的现代化设备来提高竞争力。到了 80 年代中期,这两个行业成为通过进口配额系统保护最严的行业。同时,由于大量采用先进设备,纺织业成为美国制造业中生产率增长最快的行业。尽管以上措施取得了巨大的成功,但服装行业进口商品的渗透仍然在持续增加。一些行业的先驱认识到,保护主义措施并不能有效地保护美国本土服装制造业的领先地位,他们必须另寻他法。

"用国货为荣委员会"于 1984 年在美国成立,该委员会由美国的服装、纺织和化纤行业联合创建,其主要目标是给购买国产纺织品和服装的客户提供更多的利益。为了增强美国消费者对国产服装的信任,委员会在成立的第二年开始做广告,并取得很大的成效。它还将经费投资到保持本国纺织与服装行业竞争力的研究上。随后,有关机构对美国纺织与服装行业的供应链作了全面分析。分析结果显示,虽然该行业的各环节都保持着高效率的运作,但总体效率并不高。于是委员会的成员联合零售业对贯穿整个供应链的活动进行了排查,筛选出成本较高的活动。通过分析得出,对行业整体效率影响最大的是供应链的长度。

完整的供应链是从原材料开始,以销售给客户为止的,其周期需要 66 周。其中只有 1/6 的时间在制造车间,在储存和运输上消耗的时间长达 40 周,剩下的 15 周则消耗在商店里。供应链周期过长造成的最严重后果是不能准确预测需求,导致供需不平衡,从而使经济受到巨大的损失。

每年,在全球服装供应链的损失中,有一半以上是由服装的降价和缺货所造成的。调查显示,大部分顾客进入商店但不购买商品的原因是看中的服装没有适合自己的颜色和尺码。

快速反应是通过零售商与供应商的联合而进行的一种策略。两者通过共享 POS(销售终端)系统信息、共同预测需求、发现新产品的营销机会等,在第一时间对需求作出反应。在实施 QR 策略时，贸易伙伴要通过 EDI 加速信息流，一起重组业务活动，把订货的前置时间和成本降到最低。如果将 QR 策略应用在补货中，则可使交货的前置时间降到之前的 15%。

（三）快速反应方法的积极作用

1.QR 对厂商的积极作用

第一，更好地服务客户。QR 可以为客户提供更好的服务。在厂商的送货与承诺相一致的情况下，厂商和零售商之间的关系会更加密切。稳定、高质量的服务能够使厂商的市场份额变得更多。

第二，降低流通费用。将预测顾客消费能力与生产规划相结合，能够加快库存的周转速度，减少库存量，并使产品的流通成本得到降低。

第三，降低管理成本。由于采用了电子录入订单信息的方式，信息的准确率有了大幅提高，能在很大程度上减少额外发货，降低管理成本，同时还可以通过扫描货物标签，提前发出准确的发货通知，来减少管理成本。

第四，制定更好的生产计划。厂商通过预测销售可以获取精准的销售信息，以便制订更好的生产计划。

2.QR 对零售商的积极作用

第一，提高了销售额。条形码和 POS 扫描使得零售商可以实时跟踪各种商品的具体情况，方便零售商准确地了解存货情况，在确实需要时再进行订货。

第二，减少了削价的损失。因为收集了更加准确的顾客需求信息，店铺可以根据顾客需求来储存商品，这样就可以减少削价的损失。

第三，减少了采购成本。商品的采购成本是指完成采购职能时发生的费用，这些职能包括订单准备、订单创建、订单发送及订单跟踪等。在实施 QR 后，上述业务能够得到简化，从而降低采购成本。

第四，降低了流通费用。厂商使用物流条形码标签后，零售商可以直接扫描标签，减少手工检查到货所产生的成本。

第五，加快了库存周转。零售商依据顾客需求进行多次数、小批量的订货，可以降低库存投资和运输成本。

第六，降低了管理成本。管理成本包括接受发票、发票输入和发票例外处理发生的费用，采用电子发票及预先发货清单技术，可以大幅减少管理费用。

总之，采用了 QR 后，即使单位商品的采购成本增加了，但通过多次数、小批量地采购商品，顾客服务水平得到了提高，零售商也更容易适应市场的变化，同时降低了各方面的成本，最终提高了利润。

二、快速反应方法的实施

美国是快速反应方法的发源地，有许多企业已开始实施 QR 策略，并取得了成功。当然实施 QR 策略需要企业具备现代供应链管理的理念，还需要一定的管理条件。从美国实施 QR 策略企业的实践可以总结出，QR 策略的实施应该从以下几个方面着手：

（一）改变传统经营方式，革新企业经营理念

第一，企业要改变仅靠自身能力提高经营效率的传统经营方式，树立与供应链上的成员结成战略联盟，通过掌握各合作伙伴的重要资源来提高经营效率的现代经营理念。

第二，零售商要占据快速供应系统的主导地位，店铺是快速供应系统的初始点。

第三，在快速供应系统内部，对销售时间数据等信息进行共享与互换，能够提高企业工作效率。

第四，要确定快速供应系统中各企业的合作形式与范围，设立高效的合作框架。

第五，改变传统事务作业的方式。要使事务作业实现自动化与无纸化，必须采用信息技术。

（二）开发和应用现代信息处理技术

商品和物流条形码技术、销售时点数据读取系统、预先发货清单技术、供应商管理库存、连续补货及电子订货、数据交换和支付系统等都属于现代信息处理技术。

（三）与供应链各成员结成战略联盟

结成战略联盟，需要做到：主动搜寻并了解合作伙伴；与各合作伙伴达成分工协作共识，建立合作关系。结成战略联盟的目的是减少企业库存，同时避免缺货及降低价格，

缩减工作人员，简化工作等。

（四）积极进行信息交流和共享

应改变隐藏企业信息的传统观念，与合作伙伴共享各种信息，与之共同发现、分析并解决问题。

（五）缩短生产周期，降低商品库存

一是缩短产品的生产周期；二是进行多品种、小批量的生产和高频度、少数量的配送，降低零售商的库存水平，并提高企业的服务能力；三是在商品实际需要将要发生时采用 JIT 生产方式来组织生产，减少供应商的库存水平。

【本章小结】

本章关注供应链管理中的各个环节，供应链是指生产及流通过程中，涉及将产品或服务提供给最终用户活动的上游与下游企业所形成的网链结构。供应链管理是一种新的管理策略，它把不同企业集成起来以增加整个供应链的效率，注重企业之间的合作，它把供应链上的各个企业作为不可分割的整体，重点对消费者需求作出快速反应。

供应链的概念已经不同于传统的销售链，它跨越了企业界线，从扩展企业的新思维出发，并从全局和整体的角度考虑产品经营的竞争力，使供应链从一种运作工具上升为一种管理方法体系，一种运营管理思维和模式。

【案例分析】

塔捷特推行快速反应

塔捷特在美国有 500 多家大型商店，且每年还保持高速增长，主要经营服装、家庭用品、电器、卫生用品、美容品等。塔捷特是一个折扣商，与凯马特、沃尔玛和西尔斯等商店竞争，并积极在零售业推行快速反应。

塔捷特经营的全部商品都有条码，并且所有交易中的 POS 数据均被采集，每日数据于当晚经由卫星通信传输到总部，某种商品的每日销售与库存数据和参与快速反应的重要供应商共享。塔捷特不允许完全的自动补货，但会向供应商保证每周订货。因为供应商了解整个企业的库存目标、现有存货和实际销售数据，所以很容易把握订货数量，

并利用这些信息制定自己的生产与分销计划。

在这个系统中，塔捷特首要的目的不是减少商店总的库存，相反，塔捷特的营销理念是消费者喜欢也希望商店是"丰富"的，即消费者想要的每个品类均能在商店找到且随手可得，现货可获得性的标准定得相当高，塔捷特希望达到 95% 的现有率。为支持此标准，塔捷特依靠快速反应方法，补充供应体系的目标是补充每个品类可能 100% 地接近货架设计容量，而不产生多余的存货，否则就需要额外的存储场地。

塔捷特凭借其快速反应系统取得了显著成效。体系中的重要供应商也从订货的稳定性以及销售与库存数据共享带来的那些订货的可预见性增加上获益。塔捷特的利益从供应商、配送中心、商店的较高商品可获得性中得到。由于频繁地补货，配送中心的周期订货量较低；因为预测期缩短，安全库存较低。当然，这些会带来较高的运输成本，增加数据系统费用。通过在配送中心的库存成本节约和系统带来的补充订货的"合适度"提高，大大节省了商店的货物处理费用，可以补偿那些增加的成本。此外，系统运转所需的销售数据对有效的商品经营极为有用，与供应商的密切联系使得价格下降并节约其他采购费用。总之，塔捷特致力于其快速反应系统，并积极扩展系统至更多、更重要的供应商，以实现在所有大销量的品类上 100% 的快速反应目标。

【问题与思考】

（1）快速反应系统成功实施的条件是什么？

（2）塔捷特推行快速反应对你有何启示？

第七章 电子商务与国际物流

【学习目标】
- 掌握电子商务基本理论的核心内容。
- 了解电子商务环境下现代物流的管理模式。
- 明确电子商务与现代物流之间的关系。
- 了解国际物流的特点及发展趋势。

【引导案例】

邮政包裹模式

邮政网络基本覆盖全球，比其他任何物流渠道覆盖范围都要广。这主要得益于万国邮政联盟和卡哈拉邮政组织。万国邮政联盟是联合国下设的一个有关国际邮政事务的专门机构，通过一些公约法规来改善国际邮政业务，发展邮政方面的国际合作。万国邮政联盟由于会员众多，而且会员国之间的邮政系统发展很不平衡，因此很难促成会员国之间的深度邮政合作。于是在2002年，邮政系统相对发达的6个国家和地区（中、美、日、澳、韩等）的邮政部门在美国召开了邮政CEO峰会，并成立了卡哈拉邮政组织，后来西班牙和英国也加入了该组织。卡哈拉邮政组织要求所有会员国的投递时限要达到98%的质量标准。如果货物未能在指定日期投递给收件人，那么负责投递的运营商要按货物价格的100%赔付客户。

这些严格的规定都促使会员国之间深化合作，努力提升服务水平。例如，从中国发往美国的邮政包裹，一般15天以内可以到达。据不完全统计，中国出口跨境电商的包裹70%都是通过邮政系统投递，主要是中国邮政，占据50%左右，其他邮政包括新加坡邮政等。互联易专注于跨境电商物流供应链服务，是唯一一家集全球邮政渠道于一身的企业。

思考：
国际物流系统对邮政物流有哪些影响？

第一节　电子商务基本理论

一、电子商务的交易过程

在世界范围内，电子商务早已如火如荼地开展起来并取得了显著成效。通过结合物流管理技术，现代电子商务以其方便性、快捷性为人们提供了一个低成本的交易环境，赢得了越来越多商贸企业的青睐。

电子商务的优势要在经济活动中得到体现，必须建立一个有别于传统仓储、运输模式的现代物流管理系统，需要对原有的物流要素进行升级。企业在建立电子商务系统的工作中，就需要把物流管理涉及的仓储、采购、运输、企业物流标准等要素与电子商务系统实现和谐对接，物流系统不能脱离电子商务环境单独建设。电子商务和物流技术的运用也成为中国企业在未来国际市场竞争中取胜的必然选择。

电子商务是利用计算机技术、网络技术和远程通信技术，实现整个商务过程的电子化、数字化和网络化。人们不再是面对面地看着实实在在的货物，靠纸介质单据进行买卖交易；而是通过网络，通过网上琳琅满目的商品信息、完善的物流配送系统和方便安全的资金结算系统进行交易，整个交易的过程可以分为以下三个阶段：

（一）信息交流阶段

对于商家来说，此阶段为发布信息阶段。在此阶段，商家主要选择自己的优秀商品，精心组织自己的商品信息，建立自己的网页，然后加入名气较大、影响力较强、点击率较高的网站中，让尽可能多的人了解和认识。

对于买家来说，此阶段是去网上寻找商品以及商品信息的阶段。在此阶段，买家根据自己的需要，上网查找自己所需的信息和商品，并选择信誉好、服务好、价格低廉的商家。

（二）签订商品合同阶段

对于商家来说，这一阶段是签订合同、完成必需的商贸票据交换的过程。在此阶段，商家要注意数据的准确性、可靠性、不可更改性等复杂的问题。

对于买家来说，这一阶段是完成购物过程中的订单签订过程。买家要将已选好的商品、自己的联系信息、送货的方式、付款的方法等在网上签好后提交给商家，商家在收到订单后应发来邮件或信息核实上述内容。

（三）进行商品、资金结算阶段

这一阶段是整个商品交易最关键的阶段，不仅涉及资金在网上的正确、安全到位，同时也涉及商品配送的准确、按时到位。在这个阶段有银行业、配送系统的介入，在技术、法律、标准等方面有更高的要求，网上交易的成功与否就决定于这个阶段。

二、电子商务的功能与特性

（一）电子商务的功能

1. 网上订购

网上订购通常都是在产品介绍的页面上提供十分友好的订购提示信息和订购交互格式框。当客户填完订购单后，通常系统会回复确认信息单来保证订购信息的收悉。订购信息也可采用加密的方式使客户和商家的商业信息不被泄漏。

2. 广告宣传

电子商务可凭借企业的 Web 服务器和客户的浏览，在互联网上发布各类商业信息。客户可借助网上的检索工具迅速找到所需商品的信息，而商家可利用网站主页和电子邮件在全球范围内做广告宣传。

与以往的各类广告相比，网上的广告成本最为低廉，而提供给客户的信息量却最为丰富。

3. 咨询和洽谈

电子商务可借助非实时的电子邮件、新闻组和实时的讨论组来了解市场和商品信息、洽谈交易事务，如有进一步的需求，还可用网上的白板会议来交流即时的图形信息。

网上的咨询和洽谈能超越人们面对面咨询和洽谈的限制，提供多种方便的异地交谈形式。

4. 网上支付

电子商务要成为一个完整的过程，网上支付是重要的环节。客户和商家之间可采用信用卡或第三方支付平台实施支付。在网上直接采用电子支付手段可省略交易中很多人员的开销。网上支付将需要更为可靠的信息传输安全性控制，以防止欺骗、窃听、冒用等非法行为。

5. 服务传递

对于已付了款的客户，商家应将其订购的货物尽快地传递到他们手中。而有些货物在本地，有些货物在异地，因此商家需要在网上进行物流的调配。最适合在网上直接传递的货物是信息产品，如软件、电子读物、信息服务等，商家能直接从电子仓库中将货物发到用户端。

6. 电子账户

网上的支付必须有电子金融的支持，即银行或第三方支付平台等金融单位要为支付提供网上操作的服务。电子账户管理是电子商务基本的组成部分。信用卡号或银行账号都是电子账户的一种标志，其可信度需配以必要的技术措施来保证，如数字凭证、数字签名、加密等手段的应用保证了电子账户操作的安全性。

7. 交易管理

整个交易的管理涉及人、财、物等多个方面，以及企业和企业、企业和客户及企业内部等各方面的协调和管理。因此，交易管理是涉及商务活动全过程的管理。电子商务的发展，将会提供一个良好的交易管理的网络环境及多种多样的应用服务系统，这样就能保障电子商务获得更广泛的应用。

8. 意见征询

电子商务能十分方便地采用网页上的"选择""填空"等格式文件来收集客户对销售服务的反馈意见。这样使企业的市场运营能形成一个封闭的回路。客户的反馈意见不仅能提高售后服务的水平，而且能使企业获得改进产品、发现市场的商业机会。

（二）电子商务的特性

1. 整体性

电子商务能够规范事务处理的工作流程，将人工操作和电子信息处理集成为一个不可分割的整体，这样不仅能提高人力和物力的利用率，也可以增强系统运行的严密性。

2. 普遍性

电子商务作为一种新型的交易方式，将生产企业、流通企业以及消费者和政府带入了一个网络经济、数字化生存的新天地。

3. 方便性

在电子商务环境中，人们不再受地域的限制，客户能以非常简捷的方式完成过去较为繁杂的商务活动，如通过网络银行能够全天候地存取资金、查询账户信息等，同时可以使企业对客户的服务质量大大提高。

4. 协调性

商务活动本身是一种协调过程，需要客户与公司内部、生产商、批发商、零售商间的协调。在电子商务环境中，它更要求银行、配送中心、通信部门、技术服务等多个部门的通力协作，电子商务的全过程往往是一气呵成的。

5. 安全性

在电子商务中，安全性是一个至关重要的核心问题，它要求网络能提供一种端到端的安全解决方案，如加密机制、签名机制、安全管理、存取控制、防火墙、防病毒保护等，这与传统的商务活动有着很大的不同。

三、电子商务的模式

电子商务主要有 B2B、B2C、C2C、B2M、M2C 五类模式，具体如下：

B2B 指的是 Business to Business，商家对商家的电子商务，即企业与企业之间通过互联网进行产品、服务及信息的交换。通俗的说法是指进行电子商务交易的供需双方都是商家，它们使用互联网技术或各种商务网络平台来完成商务交易。其内容包括发布供求信息、订货及确认订货、支付过程及票据的签发传送和接收、确定配送方案并监控配送过程等。

B2C 指的是 Business to Customer，该模式是我国最早产生的电子商务模式，以 8848 网上商城正式运营为标志。B2C 即企业通过互联网为消费者提供一个新型的购物环境——网上商店，消费者通过网络在网上购物、支付等。由于这种模式节省了客户和企业的时间和空间，大大提高了交易效率，特别是对于工作忙碌的上班族，这种模式可以为其节省宝贵的时间。

C2C 指的是 Customer to Customer，C2C 同 B2B、B2C 一样，都是电子商务的模式之一，不同的是，C2C 是用户对用户的模式。C2C 商务平台就是通过为买卖双方提供一个在线交易平台，使卖方可以主动提供商品上网拍卖，而买方可以自行选择商品进行竞价。C2C 的典型案例如淘宝网等。

B2M 指的是 Business to Manager，它是相对于 B2B、B2C、C2C 电子商务模式而言的一种全新的电子商务模式。这种电子商务模式相对于以上三种有着本质上的不同，其根本的区别在于目标客户群的性质不同。前三者的目标客户群都是作为一种消费者的身份出现，而 B2M 所针对的客户群是该企业或者该产品的销售者或者为其工作者，而不是最终消费者。

M2C 指的是 Manager to Consumer，M2C 是针对 B2M 的电子商务模式而出现的延伸概念。在 B2M 的环节中，企业通过网络平台发布该企业的产品或者服务，职业经理人通过网络获取该企业的产品或者服务信息，并且为该企业提供产品销售或者提供企业服务，企业通过经理人的服务达到销售产品或者获得服务的目的。而在 M2C 环节中，经理人将直接面对 Consumer，即最终消费者。

要实现完整的电子商务还会涉及很多方面，除了买家、卖家，还要有银行或其他金融机构、政府机构、认证机构、配送中心等机构的加入才行。由于参与电子商务中的各方在物理上是互不谋面的，因此整个电子商务过程并不是物理世界商务活动的翻版，网上银行、在线电子支付等条件和数据加密、电子签名等技术在电子商务中均发挥着重要的、不可忽视的作用。

第二节　电子商务与现代物流

一、电子商务与现代物流的关系

（一）现代物流是电子商务概念的重要内容

从1998年开始，电子商务就成为一个热门的话题，特别是与电子商务相关的企业上市筹资，都获得了成功。但慢慢地，电子商务开始降温了，最主要的还是一个物流和配送的瓶颈问题。从电子商务降温之后就开始了物流热，物流作为一个年轻的行业，发展潜力很大。国家也一再强调发展物流行业是中国经济新的增长点，降低物流成本也是企业的"第三利润源"。在这样一个政府支持的大环境下，物流的发展空间会更大。

我国作为一个发展中国家，物流基础设施相对落后，明显滞后于快速发展的电子商务技术。在电子商务中，商品所有权从点击购销合同的那一刻起，便以商流的形式由供方转移到需方，但商品实体并没有因此而自动转移。在传统的交易过程中，除了非实物交割的期货交易，一般的商品都必须伴随着相应的物流活动，即按买方的需求将商品实体由卖方以适当的方式向买方转移。电子商务也一样，在买方通过上网点击完成商流过程后，电子商务的过程并未结束，只有当商品和服务真正转移到消费者手中时，商务过程才告以终结。没有现代化的物流支持，电子商务给消费者带来的购物便捷就等于零，任何轻松点击的商务活动都是纸上谈兵的游戏。

另外，无论是在传统商务模式下，还是在电子商务模式下，生产都是商品流通之本，而生产的顺利进行需要各类物流活动的支持。生产的全过程从原材料的采购开始，便要求有相应的供应物流将所采购的原材料供应到位，否则生产就难以进行；在生产的各工艺流程之间，也需要原材料、半成品的生产物流过程；部分余料、可重复利用的物资的回收，需要所谓的回收物流；废弃物的处理则需要废弃物流。可见，整个生产过程实际上就是系统系列化的物流活动过程。合理的现代化物流，保障了现代化生产的高效进行。相反，缺少了现代化的物流，生产将难以顺利进行。同样，缺少了现代化物流，无论电子商务使用多么快捷的贸易形式，都是无米之炊，难以实现商品交易的目的。因此，物流是实现电子商务过程的基础和保证，它提高了电子商务的效益和效率，扩大了电子商务的市场范围，协调了电子商务的目标。

（二）现代物流是实现电子商务的保证

1.物流保障生产

电子商务中的任何一笔交易，都是集信息流、商流、资金流、物流于一体的贸易过程。电子商务交易过程的实现，需要这"四流"的协调和整合。信息流自始至终贯穿于整个商务交易过程，它提供包括诸如商品和服务的信息、促销行情的信息；商流是指商品在购、销之间进行交易以及商品所有权转让的过程；资金流主要是指交易资金的安全程度，具体包括付款、转账和结账等过程，它涉及整个交易的安全程度。随着信息技术的发展和网上银行的出现，信息流、商流和资金流已经可以借助信息技术和通信网络实现快速流动；而物流作为电子商务实现过程中一个必不可少的实物流环节，具体包括诸如物品的储运、包装、运输配送和装卸检验等各项活动。物流直接服务于最终客户，物流服务水平的高低决定了顾客的满意程度，同时也决定了电子商务能否成功地实现。因此，物流构成了电子商务的重要组成部分，缺少了现代化的物流支持，电子商务过程就不可能最终实现。

2.物流服务于商流

在商流活动中，商品所有权从购销合同签订的那一刻起，便由供方转移到需方，而商品实体并没有因此而移动。物流虽然包含在电子商务之中，但是人们对电子商务过程的认识往往只限于信息流、商流和资金流的电子化、网络化，而忽略了物流的电子化过程。这是因为，电子商务概念的提出首先是在美国，而美国的物流管理技术发展至今已有80多年的历史，它通过多种机械化、自动化工具、计算机和通信设备，早已日臻完善。作为电子商务前身的电子数据交换技术（EDI）的产生是为了简化烦琐、耗时的订单处理等过程，以加快物流的速度，提高物资的利用率。电子商务的提出最初是为了解决信息流、商流和资金流处理上的烦琐对现代化物流过程的延缓，进一步提高现代化的物流速度。因而，美国只需要将电子商务与其强大的现代化物流进行对接即可，而并非电子商务过程不需要物流的电子化。

在传统的交易过程中，除了非实物交割的期货交易，一般的商流都必须伴随相应的物流活动，即按照需方的需求将商品实体由供方以适当的方式、途径向需方转移。而在电子商务下，消费者通过上网点击购物，完成了商品所有权的交割过程，即商流过程。

但电子商务的活动并未结束,只有商品和服务真正转移到消费者手中,商务活动才告以终结。在整个电子商务的交易过程中,物流实际上是以商流的后续者和服务者的姿态出现的。

3.电子商务服务于物流信息化

电子商务的出现,在最大程度上方便了最终消费者。消费者不必再跑到拥挤的商业街,一家又一家地挑选自己所需的商品,而只要坐在家里,在互联网上搜索、查看、挑选,就可以完成购物过程。简言之,电子商务的发展需要物流作基础,物流是实现"以顾客为中心"理念的根本保证。

电子商务必须以信息化为基础,离开信息化,电子商务将成为无源之水、无本之木。

二、电子商务对现代物流的影响

电子商务将导致一场深刻的革命,这也是一次高科技和信息化的革命。它一方面把商店、产品、广告、订货、购买、货币、支付、认证等实物和事务处理虚拟化、信息化,使它们变成脱离实体而能在计算机网络上处理的信息;另一方面又将信息处理电子化,将所有信息都通过计算机网络用计算机、电子邮件、文件传输、数据通信等电子手段来处理,强化了信息处理,弱化了实体处理,用信息处理来控制、指挥实体处理,使实体处理更科学化和效率化。因此,这样做将能充分发挥信息对经济发展的价值,充分利用人类的知识和智慧,更科学合理地组织、运用有限的资源,创造最大的经济效益。具体而言,电子商务对现代物流所产生的影响表现为以下几个方面:

(一)对现代物流理念的影响

电子商务给现代物流创造了一个虚拟性的运作空间,在这一空间里,借助网络平台,利用电子商务技术和手段,物流的各种职能和功能将通过虚拟化的方式得以体现;物流运作中"以顾客需求为核心"的运作理念将会越来越重要,而信息在其中的控制和主导作用也将会越来越明显;企业将逐渐意识到以自身的专业化优势,积极投入到联盟式企业群的协同运作中的重要性。这一切思想理念的改变均表明,电子商务在很大程度上积极引导着现代物流理念的延伸和发展。

电子商务拓展了传统经营方式中的地理范围限制,使其服务范围迅速扩展,在电子商务为众多企业拓展市场边界的同时,对企业的物流配送也提出了全球化服务的要求。物流全球化的趋势必然要求物流组织的网络化,促使物流企业必须在全球范围内设立物流组织,物流企业只有不断地完善自己的物流网络和配送渠道,形成反应灵敏、步调一致、信息沟通快捷的物流运作体系,才能适应电子商务提出的"三准原则",即在准确的时间,将准确的货物送到准确的地点,并以尽可能低的成本和尽可能短的时间为全球客户提供优质、高效的物流服务。

(二)对现代物流运营模式的影响

现代的物流技术包括各种规划技巧、管理技能与操作方法等,如物品包装技术、物品标识技术、物品流通加工技术、物品实时跟踪技术等。物流技术也包括物流规划、物流设计、物流评价及物流策略等。随着电子商务的飞速发展,物流技术中又整合了更多新兴的技术,如全球卫星定位系统、地理信息系统、条形码、电子数据交换技术等。现代物流技术水平的提高,迅速提升了物流系统的快速反应能力。通过优化电子商务系统的物流中心、配送中心网络,重新设计适合电子商务的流通渠道,可以有效减少物流环节,简化物流过程,提高物流系统的快速反应能力。

在电子商务环境下,借助飞速发展的网络信息技术,以顾客为中心、面向过程的管理方法,传统的物流模式发生了一定程度的变化,供应链管理的思想和运营模式越来越受到人们的广泛关注和应用。这极大地促进了顾客与企业之间,以及企业与企业之间的信息共享和业务合作,提高和优化了物料采购、生产、营销、运输等所有相关过程中对顾客、市场的响应速度和确定性,让资源在每一个运营过程中都实现增值,进而提高整体运作效率和效益。可以说,一方面,电子商务客观上要求对物流实施供应链管理;另一方面,电子商务也为实施物流的供应链管理提供了条件。

(三)电子商务引导现代物流的发展

电子商务提供现代物流发展所需的现代化平台和网络化技术,以利于提高物流效率、保持信息畅通,并及时准确反馈、传递和处理物流运作各环节所需要的信息,从而积极引导企业构建高效的物流信息网,实施网络化和规模化经营。条码技术、电子订货系统、快速反应、有效客户反映及企业资源计划等先进技术与管理策略的应用,必将促进企业物流的信息化。

网络时代所造就的电子商务将会给人类带来一场深刻的革命,这场革命所引致的产业大重组把现代物流产业提到前所未有的高度。原有的一些行业、企业和单位将逐渐消亡,而网络广告业、信息服务业、物流业、通信业等一些新型行业、企业和单位将迅猛扩张。这将从根本上改变企业的内部运作、外部合作与交流的机制,前所未有地提高整个社会资源的运行效率。

虽然电子商务本身不能实现最终的物流,但是它以一种最直接的方式引导着社会物质的流向、流速和流量,并在电子商务技术促进物流活动中交易与物流分离的同时,通过电子商务发展形成的强大物流需求,引导和促进现代物流的信息化、网络化和社会化发展。尤其是在电子商务环境下,物流企业将会逐渐强化,其任务将会更加繁重。它不但要把虚拟商店的货物送到用户手上,还要从生产企业那里及时进货入库。物流公司是生产企业的仓库,优势用户的实物供应者。而且,随着绝大多数商店、银行的虚拟化,商务事务处理信息化,多数生产企业柔性化,整个市场剩下的就只有实物物流处理工作了。物流企业成了代表所有生产企业及供应商对用户的唯一最集中、最广泛的实物供应者,是进行区域市场实物供应的唯一主体。由此可见,电子商务环境为现代物流提供了空前发展的机遇。

三、电子商务对现代物流的要求

电子商务在极大提高物流地位的同时,也提高了对物流的要求。在电子商务时代,由于电子工具和网络通信技术的应用,交易各方的时空距离几乎变为零,信息流、商流、资金流容易以电子为媒体在网络间迅速流动;而物流由于其实物的特点,在流动上难以与以上同步。为使电子商务真正具有跨时域和跨地域的特点,物流应满足以下五点要求:

(一)信息化

物流信息化是物流现代化管理的基础。现代物流的信息化表现为物流信息的商品化、物流信息搜集的数据库化和代码化、物流信息处理的电子化和计算机化、物流信息传递的标准化和实时化、物流信息存储的数字化等。此外,数据库技术、电子订货系统、电子数据交换、快速反应、有效的顾客反应等技术与观念在未来的物流管理中将会得到普遍应用。

（二）自动化

在信息化基础上，自动化的核心是机电一体化，其外在表现是无人化，其效果是省力化。另外，物流自动化还可以扩大物流作业能力、提高劳动生产率和减少物流作业的差错等。目前，在发达国家已普遍使用的物流自动化设施很多，如条形码/语音/射频自动识别系统、自动分拣系统、自动存取系统、自动导向车以及货物自动跟踪系统等。这些设施在发达国家已普遍用于物流作业流程中，而我国也正在研究开发、推广应用这些自动化设施。

（三）网络化

网络化是物流业的支撑。在信息化基础上，现在物流的网络化有两种趋势：一是物流配送系统的计算机通信网络化，其中包括配送中心与供应商、制造商之间联网和配送中心与下游顾客之间联网。订货过程将会是用计算机通信方式，借用于增值网上的 EOS（电子订货系统）和 EDI 来自动实现。二是物流组织网络化，即在全球范围内将各种制造资源、需求资源、供应资源和人力资源组织起来，使它们得到充分的利用。

（四）智能化

现代物流的智能化是自动化、信息化的一种更高层次的应用。由于物流作业过程所涉及的自动分拣机的运行、物流配送中心经营管理的决策支持等问题都需要借助于大量的知识才能解决，所以在物流自动化过程中，物流的智能化是人们不可回避的技术难题。随着专家系统、机器人等相关技术在国际上的推广、普及，智能化必将是现代物流的一种发展趋势。

（五）柔性化

柔性化是基于"以顾客为中心"理念在生产领域提出的。20 世纪 90 年代，国际生产领域纷纷提出弹性制造系统、计算机集成制造系统、制造资源系统以及供应链管理的观念和技术。这些观念和技术的实质是要将生产、流通进行集成，并根据需求端的需求组织生产，安排物流活动。因此，现代物流的柔性化正是适应生产、流通与消费的需求而表现出来的一种发展趋势。这就要求物流配送中心要根据消费需求"多品种、小批量、多批次、短周期"的特色，灵活地组织和实施物流作业。

第三节　电子商务下物流管理模式

一、电子商务物流管理

（一）电子商务物流管理的特点

1. 全面性特点

在传统的商务活动中，基本上不存在所谓的物流问题。因为在传统的商务活动中，货款的支付与取货是同时完成的，除少数大件商品外，大部分都由消费者自己带回，企业无须考虑售后问题，只有运输、仓储分散的物流功能。而电子商务活动则不同，它是通过 Internet 进行商务活动的新模式，集信息流、资金流和物流于一体。它的优势之一就是能大大简化业务流程，降低企业运作成本。物流虽然包含在电子商务之中，但信息流、资金流在电子工具和网络通信技术的支持下，通过轻轻点击可瞬息完成，而物流——物质资料的空间移动，即具体的运输、储存、装卸、保管、配送等各种活动，是不可能直接通过网络传输的方式来完成的。电子商务企业成本优势的建立和保持必须以可靠和高效的物流运作为保证，这也是现代企业在竞争中取胜的关键。

从管理的范围看，它依托电子商务企业，不仅沟通买卖双方，实现所有权的转接，而且囊括了物流供应链上的各个环节；从其覆盖的领域上看，它涉及生产、消费、服务、营销、信息和技术等众多领域的管理；从管理的方式方法看，它兼容传统的管理方法和新兴网络商务的过程管理及虚拟管理。

2.技术性特点

电子商务物流管理是指在社会再生产过程中，根据物质资料实体流动的规律，应用管理的基本原理和科学方法，对电子商务物流活动进行计划、组织、指挥、协调、控制和决策，使各项物流活动实现最佳协调和配合，以降低物流成本，提高物流效率和经济效益。

电子商务下的物流体现了新经济的特征，它以物流信息为管理的出发点和立足点。电子商务活动本身就是信息高度发达的产物，对信息活动的管理是一项全新的技术性挑战，也是对传统管理的优化和提升。例如，物流要不断适应因电子商务而改变的人际交往、交易方式，因此需要不断实现物流服务的移动化、终端化、实时化等。

3.智能型特点

电子商务下物流的实物位移自动化、半自动化程度高，物流供应链的过程处于实时监控之中，而物流系统中的传统管理内容，如人事、财务、计划和物流控制等全过程都是智能化，故电子商务下物流管理的重点是自动化、智能化的设计创造过程。一个智能化的电子商务物流管理系统可以模拟现实，可以发出指令、实施决策，根据物流过程的特点采用对应管理手段，真正实现电子商务物流管理柔性化和智能化。

（二）电子商务物流管理的内容

电子商务下物流业务的范围可以进行更加全面的拓展和延伸，涵盖的物流业务包含了仓储保管、装卸搬运、包装、流通加工、运输、协同配送以及物流信息等基本过程，其对应的管理也涉及这些方面。

1.电子商务下的物流运输配送管理

配送是电子商务物流典型的表现模式，它是指物流企业按用户订单或配送协议进行配货，然后通过科学统筹规划，选择经济合理的运输路线与运输方式，在用户指定的时间内，将符合要求的货物送达指定地点的一种商品供应方式。电子商务物流管理首先就涉及物流运输配送管理。要搞好配送服务，就必须根据配送的特点，加强这项业务的计划、组织、指挥、协调及控制。配送管理有五个环节：

（1）充分掌握、透析服务区内的服务诉求

深入本经济区的用户，进行周密细致的调查研究。掌握和了解各用户的基本情况，并在此基础上进行科学的预测，通过网络、在线和物流信息系统建立用户配送档案。明确配送的目标和方向，为进行配送服务提供良好的条件。

(2) 加强配送的计划管理

生产的连续性和计划性决定了配送有很强的计划性以及需求的多样性和随机性。从配送业务本身看，这是一项需要多方面密切协调配合的工作，需要有严密的计划。这就要求在掌握用户需求的基础上，制定发展配送的总目标和分阶段目标以及实施步骤和措施，做到有计划地分期订货和采购，确定合理的库存储备。

(3) 科学地组织配送

要按经济区来规划配送的半径和范围，在保证按用户要求，及时地组织配送的前提下，按电子商务物流供应链的要求，科学地确定配送路线和批量，在用户比较集中的地区做到定线送货，降低配送成本。在组织配送作业时，要科学地安排人力、物力和财力的比例关系，衔接各环节的作业活动，合理调度和指挥各要素的运动，使整个配送业务过程迅速、协调地进行。

(4) 建立与配送相适应的组织结构

一定的组织结构是搞好配送的组织保证。一是应逐步在一些中心城市改造和建立一批购销、储运、加工、配送一体化的配送中心组织；二是要在企业建立与配送相适应的组织结构。

(5) 争取各方面的协作和支持

配合是一项系统工程，涉及资源单位、用户和运输部门等有关部门和单位，需要得到各方面的支持，才能做好这项工作。物流企业要协调好各方面的关系，共同搞好配送活动。为使配送正常运行和发展，有关管理部门还要研究和制定保证配送的政策、法规、管理措施和办法，使配送逐步规范化。

2. 电子商务物流仓储保管管理

物流企业仓储作业流程是指商品仓储部门从接运商品开始，经过验收入库和保管保养，直至将商品供应到用户指定的地点为止，按照一定程序进行作业的整个过程，其中包括以下几个方面：

(1) 商品入库管理

商品入库管理指商品进入仓库储存时所进行的商品接收、卸货、搬运、数量清点、质量检查和入库手续办理等，包括商品接运、商品验收和建立商品档案三个方面。要求保证入库商品数量准确，质量符合要求，包装完整无损，手续完备清楚，入库迅速。

（2）商品保管业务管理

商品保管业务管理包括合理储存和科学养护。要求确保商品在保管期间质量完好、数量准确，同时降低损耗、节约费用、提高仓容利用率。

（3）商品出库业务管理

商品出库业务管理指根据使用单位或业务部门开出的商品出库凭证，按其所列的商品名称、规格、数量、时间和地点等项目，组织商品出库登账、配货、复检、点交、清理、送货等。要求保证先进先出、近期失效先出，把好出库审核关，以完备的手续将质量完好、数量准确、包装牢固、标识正确清晰的商品及时准确地发运给收货单位。

除此之外，还包括电子商务下物流仓库管理理念的现代化、管理方式的智能化、仓库管理人员的高素质化、仓储作业技术的自动化。

（三）电子商务物流管理的分类

1.电子商务物流组织管理

电子商务物流组织管理是保证企业有效运行所必不可少的条件。建立和健全物流管理组织必须遵循有效性、统一指导性、管理层次扁平化、职责与职权对等和协调等原则，通过人力资源管理把企业组织和员工的目标结合起来，在组织和员工之间塑造出企业共同的情感。

2.电子商务物流系统管理

电子商务物流系统管理要求实现服务目标、快速及时目标、节约目标、规模化目标和库存调节目标等。实现物流系统化，可以对用户的订货进行快速配送，提供保障物流活动流畅进行的物流信息系统，从而及时反馈信息，减少生产费、物流费等相关成本。

3.电子商务物流信息管理

在电子商务物流管理中加强对现代物流信息系统和信息技术的有效管理，以利于在经济活动中实现物畅其流，实现"四流"高效率、低成本的有效衔接。

4.电子商务物流经济管理

在电子商务物流管理中，运用物流经济学和物流运筹学的理念与应用技术，研究现代物流各环节的流转规律，利于寻求获得最大空间、时间收益，并有利于明确如何缩短流通时间、降低流通费用、减少物品库存、降低资金挤压以及节约运输能力等问题。

5.供应链管理

供应链管理是近年来在国内外逐渐受到重视的一种新的管理理念和模式。目前在电子商务物流管理中，人们越来越关注引入供应链管理的思想和方式来完善物流运作流程，促使电子商务物流管理逐渐实现一体化，从而在市场竞争日益激烈、用户需求不确定性和个性化日益增强、高新技术迅猛发展、产品更新日益迅速的今天，提高企业的运作成效并最终受益。

二、电子商务物流管理模式的发展

（一）电子商务物流管理发展过程

在不同的竞争环境和电子商务物流发展阶段，为融合组织管理、系统管理、信息管理、经济管理和供应链管理的理念和方法，企业建立和采用了不同的电子商务物流管理模式，从而加强了对电子商务物流过程的监控和管理。从事电子商务的企业多选用自营物流的模式。选用自营物流，可以使企业对物流环节有较强的控制能力，易于与其他环节配合，能更好地服务于本企业的运营管理。

在现代物流条件下，以网络为平台的信息流极大地加快了物流信息的传递速度，为客户赢得了宝贵的时间，使货物提高了运输效率，缩短了中间存储的中转时间，加速了商品的流动，大大降低了运输成本，加快了商品使用价值的实现。电子商务物流管理发展经历了以下四个阶段：

1.企业自营物流管理模式

企业借助于电子商务的先进经验开展物流业务，即电子商务企业自身经营物流，简称自营物流。自营物流是物流产业的基础。发展物流产业主要应在企业自营物流的基础上，通过理念的更新、结构的调整、流程的分解和供应链的分析，把企业的运作物流变成自觉的运作物流，从而促进分工的细化，激发物流的需求，培育物流的市场。

虽说是企业自营物流，但是在该方式下，企业也会向仓储企业购买运输等服务。不过这些服务往往只限于分散的物流功能，而且是临时性的、单纯的市场交易的服务，物流公司并不按照企业独特的业务流程提供独特的服务。

2. 企业物流联盟

20世纪80年代,发展伙伴关系和联盟关系的思想已成为最佳物流时间的基础。许多物流联盟以提供有效的业务系统,把买方和卖方联系起来为目的,这些联盟围绕特定的服务厂商的能力被建立起来。

物流联盟是两个或两个以上的经济组织,为实现特定的物流目标而采取的长期联合与合作。企业之间不完全采取导致自身利益最大化的行为,也不完全采取导致共同利益最大化的行为,只是在物流方面通过契约形成优势互补、要素双向或多项流动的综合组织。

3. 第三方物流

第三方物流是物流专业化的重要形式。物流业发展到一定阶段必然会出现第三方物流,而且第三方物流的市场占有率与物流产业发展的水平有着非常规律的相关关系。

世界第三方物流的市场具有潜力大、渐进性和高增长率的特征。这种状况使第三方物流业拥有大量的服务提供者,大多数第三方物流服务公司是以传统的"类物流"业为切入点而发展起来的,如仓储业、运输业、空运、海运、货运和企业内的物流部门等。它们根据客户的不同需要,通过提供各种特色的服务取得成功。

4. 物流一体化

物流一体化是当前国际跨国公司管理的重要内容,是将企业内部经营的所有业务单元,如订单、采购、库存、计划、生产、质量、运输、市场、销售、服务等以及相应的财务活动和人事管理纳入一条供应链进行的统筹管理。它是以客户及客户满意度为中心,降低库存和物流成本,增强企业核心竞争力的先进物流管理方式。

(二)电子商务物流发展中存在的问题

1. 观念和服务模式落后

我国的电子商务还处在初级发展阶段,其功能主要局限于信息交流,电子商务与现代物流之间相互依赖、相互促进的关系还没有得到人们普遍的认识。现代物流与电子商务脱节,重电子商务轻物流,导致配送效率低下,经常出现拖延交货期、出错等现象,无法满足现代社会人们对快速、准确、及时的现代物流服务的要求。

2. 相关制度和政策法规尚未完善

与企业发展息息相关的融资制度、产权转让制度、税收制度等方面的改革还远不能适应企业发展的需要。现代物流企业跨区域开展物流业务时常受地方保护主义困扰，发生经济纠纷时，有关的金融法规及行业标准对当事人之间的经济责任难以确认。

3. 基础设施落后

电子化、信息化程度较低。电子商务要求相对均衡的运行环境，并且企业有足够的后台支持系统来响应对方的即时服务请求。目前，市场达不到应有的经济网络规模，网络基础薄弱、网速慢、出口带宽不足、资费过高，而现代物流配送基础设施和配送管理手段更是落后，道路的建设、配送中心的规划与管理、仓储设施的现代化配置、配送运输工具的更新换代、物流管理模式和经营方式的优化等问题都亟须解决。

4. 物流领域人才的不足

国外电子商务和现代物流的发展实践表明，从业人员是否具有较高的电子商务和现代物流知识与操作经验，直接影响到企业的生存与发展。国外的物流经过多年发展，已形成了一定规模的物流教育系统，许多高校设置了与物流相关的课程，为物流行业培养并输送了大批实用人才。相比之下，我国在这方面的教育还相当落后，人才严重缺乏，无法为电子商务与现代物流的协同发展提供足够的智力支持。

（三）电子商务和现代物流发展的对策

1. 提高社会对电子商务和现代物流的认识

电子商务是商业领域内的一次革命，而现代物流则是物流领域内的一次革命。国家与企业共同参与，共建电子信息化环境。同时，企业要通过信息网络进行商贸活动，为客户提供快捷的服务，吸引更多的制造企业和商业企业上网，提高企业的竞争力和盈利水平，从而促进电子商务和现代物流的发展。

2. 选择适应电子商务发展的物流发展模式

要实现现代物流配送体系的产业化、社会化。在我国目前条件下，电子商务企业不宜采用自建物流中心的物流模式，应与第三方物流公司建立长期稳定的合作关系，建立共同配送模式，削减物流企业间的不当竞争，从整体上提高供方取得价格优惠的能力，并实现优势互补，促进企业走向联合的规模经济之路。

3. 提供优质的多样化和个性化服务

电子商务的个性化、多样化特点，要求企业在商品生产、经营和配送上充分对应不同区域、不同时间和不同消费需求的客户需要，客观上也要求多品种、少批量、大频度的现代物流服务,通过电子化、集成化现代物流管理把供应链上各环节紧密联系起来,对顾客的个性化需求作出快速反应,如采用电子商务的"量身定制"方式,客户可以利用计算机或手机来决定商品何时送达目的地,收到商品后,信息将自动反馈到客户指定的计算机或手机上。

4.建立以信息化为核心的信息平台

搭建信息平台是运用互联网对企业业务流程的重新设计,电子商务是信息流、商流、资金流和物流的高度对称、融合与互动,信息流贯穿于商务活动的始终,引导着商务活动的发展,现代物流是商流的继续,是商务活动中实际的物资流通过程,同样需要信息流的引导和整合。现代物流朝着信息化、自动化、网络化、智能化、柔性化方向发展,只有具有良好的信息处理和传输系统才能快速、准确地获取销售反馈信息和配送货物跟踪信息,从而大大提高现代物流企业的服务水平,提高电子商务的效率,获得客户信赖,并不断降低成本。

5.制定可行性方案

根据消费者的收入、需求偏好、地理分布等条件的不同,合理定位销售区域,对不同的销售区域采取差别性的物流服务政策;认真筛选销售品种,确定最适合销售的商品,将品种限制在一定范围之内,减少流通中的过多费用;再由专业人员精心策划配送方案。

6.重视物流专业人才培养

把国外先进物流的经验与本土化人才有机结合起来,加强电子商务和现代物流人才的培养,要培养从事现代物流理论研究与实务操作的专门人才。例如,懂电子商务理论和实务的专门人才,既懂 IT 技术又懂电子商务的网络经济人才,既懂电子商务又懂现代物流的有创新思想的复合型人才。市场的竞争就是人才的竞争,应该注重人才的培养和教育,加深对电子商务与现代物流协同发展的研究。

三、国内外电子商务物流管理模式

(一)我国电子商务物流管理模式

电子商务的具体实施有多种模式可以选择。由于从事的专业不同,目前我国进行电子商务的企业主体分为普通商务企业、ISP(网络服务提供商)和 ICP(网络内容提供商)组建的电子商务公司及物流企业三类,它们在电子商务背景下实施不同的物流模式。实际上,完整的电子商务应该完善商流、物流、信息流和资金流四个方面,在商流、信息流、资金流都可以在网上进行的情况下,物流体系的建立应该被看作电子商务的核心业务之一。

1.普通商务企业的电子商务物流管理方式

普通商务企业的核心业务是商品开发、设计和制造,分销商的主要业务是流通,拥有完善流通渠道的制造商或经销商开展电子商务业务,比 ISP 和 ICP 经营者更加方便。因此,这类企业可以建立基于 Internet 的电子商务销售系统,同时可以利用原有的物流资源,承担电子商务的物流业务。国内从事普通销售业务的公司主要包括制造商、批发商和零售商等,对这些企业来讲,批发商和零售商应该比制造商更具有组织物流的优势,因为他们的主业就是流通。

另外,还有一些普通商务企业从事电子商务时,仅保留自己的核心专长,而将其物流业务外包给第三方物流企业,以便更好地培养自己的核心能力。

2.ISP、ICP 的电子商务物流管理方式

由于从事的产业不同,ISP、ICP 及其他信息服务提供商考虑更多的是如何建立电子商务服务网络、如何提供更多的信息内容、如何保证网络的安全性、如何方便消费者介入以及如何提高信息传输速度,而建立保障电子商务交易的物流体系问题则涉及另外一个完全不同的领域,解决起来困难不大。因此,ISP、ICP 组建的电子商务公司,解决物流和配送系统问题的办法主要有以下两种:

(1)自己组建物流公司

因为国内的物流公司大多是由传统的储运公司转变过来的,还不能真正满足电子商务的物流需求,因此国外企业借助其在国外开展电子商务的先进经验在中国开展物流业务。但是,因为电子商务的信息业务和物流业务是截然不同的两种业务,新组建的物流公司必须按照物流的要求来运作才有可能成功。在电子商务发展的初期以及物流、配送体系还不完善的情况下,不要把电子商务的物流水平定得太高。另外,可以多花精力寻找、培养和扶持物流服务供应商,让专业物流服务商为电子商务提供物流服务。

(2)外包给专业物流公司

外包给专业物流公司,即利用社会化的物流、配送服务将物流外包给第三方物流公司,这是跨国公司管理物流的通常做法。按照供应链的理论,将不是自己核心业务的业

务外包给从事该业务的专业公司去做,这样从原材料供应到生产,再到产品的销售等各个环节的各种职能,都是由在某一领域有专长或核心竞争力的专业公司互相协调和配合来完成,所形成的供应链具有最大的竞争力。

3.物流企业的电子商务物流管理方式

物流企业具有物流网络上的优势,它们既可以像进行普通商务的企业那样建立自己的电子商务网站,独立从事电子商务业务;也可以为电子商务企业提供物流、配送服务,物流作业要配合电子商务企业的要求。通常情况下,当物流企业发展到一定规模后,会将其业务沿着主营业务向供应链的上游或下游延伸。向上延伸到制造业,向下延伸到销售业,建立自己的电子商务系统,参与电子商务竞争。

在我国,第三方物流企业和第四方物流企业正处于发展阶段。近年来,代表全球先进物流模式的第三方物流,虽在国内市场的规模以年增长 30% 的速度发展,但开支却仅占物流业开支总额的 3.2%,远低于美国和欧洲的 8%~10%。并且多数第三方物流企业的服务还限于简单的传统运输、仓储等基本业务,增值服务有限。据统计,目前我国第三方物流服务商的收益 85% 来自上述基础性服务,其他增值服务只占 15%。根据中国的实际情况,应在物流企业中积极推动第三方物流模式。目前物流企业在数量上供大于求,但在质量上却有所欠缺,物流网络资源丰富,利用和管理水平低,缺乏有效的物流管理者。

(二)国外电子商务物流管理模式

20 世纪 80 年代,西方发达国家如美国、法国和德国等提出了物流一体化的现代理论,指导物流发展,并取得了明显的效果,使它们的生产商、供应商和销售商均获得了显著的经济效益。美国十几年的经济繁荣得以保持是与该国重视物流一体化的理论研究与实践、加强供应链管理、提高社会生产的物流效率和物流水平分不开的。物流一体化是利用物流管理使产品在有效的供应链内迅速移动,使参与的各个企业都能获益,使整个社会获得明显的经济效益。

所谓物流一体化,就是以物流系统为核心,由生产企业经由物流企业、销售企业直至消费者供应链的整体化和系统化,是物流业发展的高级和成熟阶段。该阶段的物流业高速发展,物流系统完善,物流业成为社会产业链条的领导者和协调者,能够为社会提供全方位的物流服务。

1. 物流一体化的三种形式

物流一体化包括垂直一体化物流、水平一体化物流和物流网络。在这三种一体化物流形式中，目前国外应用最广的是垂直一体化物流。垂直一体化物流要求企业将提供产品或运输服务等的供货商和用户纳入管理范围，并作为物流管理的一项中心内容，要求企业利用自身条件建立和发展与供应商、物流公司和用户的稳固的合作关系，使物流在各环节不会发生不通畅的现象，以形成联合力量，赢得竞争优势。水平一体化物流通过同一行业中多个企业在物流方面的合作而获得规模经济效益和物流效率。当一体化物流每一环节同时是其他一体化物流系统的组成部分时，以物流为纽带的企业关系就形成了一种网络关系。物流网络是一个开放的系统，企业可以自由地加入或退出，尤其在业务最繁忙的季节最有可能利用这个系统。物流网络能发挥规模经济作用的条件是一体化、标准化和模块化。实现物流网络首先要有一批优势物流企业率先与生产企业结成共享市场的同盟，把过去那种直接分享利润的联合发展成优势联盟，共享市场，进而分享更大份额的营销体系，并与电子商务紧密结合起来，帮助生产企业开拓销售市场。竞争对手成了同盟军，物流网络就成为一个生产企业、电子商务企业和物流企业多方位、纵横交叉、互相渗透的协作有机体。

2. 物流一体化的三个层次

物流一体化可进一步划分为三个层次：物流自身一体化、微观物流一体化和宏观物流一体化。物流自身一体化是指物流系统的观念逐渐明确，运输、仓储和其他物流要素趋向完备，子系统协调运作、系统化发展。微观物流一体化是指作为市场主体的企业将物流提高到企业战略的地位，并且出现了以物流战略作为纽带的企业联盟。宏观物流一体化是指物流业发展到这样的水平：物流业收入占国民总收入一定比例，处于社会经济生活的主导地位，使跨国公司从内部职能专业化和国际分工程度的提高中取得规模经济效益。

物流一体化是物流产业化的发展形式，必须以第三方物流充分发展和完善为前提和基础。其实质是一个物流管理的问题，即专业化物流管理人员和技术人员充分利用专业化物流设备、设施，发挥专业化物流运作的管理经验，以求得整体最佳的效果。同时，物流一体化的趋势为第三方物流的发展提供了良好的发展环境和巨大的市场需求。

3. 第三方物流管理模式

第三方物流是物流业发展到一定阶段的产物，是物流专业化的重要形式，其占有率与物流产业的发展水平有着非常规律的相关关系。西方国家的物流业实证分析证明，独立的第三方物流要占到社会的 50%，物流产业才能形成。第三方物流的发展程度反映和体现着一个国家物流业发展的整体水平。

20 世纪 80 年代，当电子商务规模不大时，从事电子商务的企业多选用自营物流的模式。20 世纪 80 年代末，当公司的电子商务规模逐渐变大时，公司自营物流的方式使公司物流总成本居高不下，不利于企业的纵深发展，于是大部分公司接受了物流一体化和供应链的理念，将其物流服务外协给第三方物流公司，选择了外协物流。目前，物流一体化的趋势和专业第三方物流乃至第四方物流的发展，已成为世界各国和大型跨国公司所关注、探讨和实践的热点。

第四节　国际物流

一、国际物流概述

（一）国际物流的概念与分类

1.国际物流的概念

国际物流是指跨越不同国家（地区）之间的物流活动。国际物流就是国家与国家、地区与地区之间的货物运输、保管、装卸搬运、包装、流通加工、配送及伴随发生的信息传递，其主体活动是国际货物运输。

广义的国际物流包括贸易型国际物流和非贸易型国际物流，狭义的国际物流主要是指贸易型国际物流。贸易型国际物流是指组织国际贸易货物（进出口货物）在国际的合理流动。也就是说，当商品的生产和销售分别在两个或两个以上的国家（地区）独立进行时，为了克服生产与销售之间的空间距离和时间间隔，对商品进行时间和空间转移的活动，即卖方交付货物和单证并收取货款，买方支付货款、接受单证并收取货物的过程。非贸易型国际物流是指各种会展物品、行李物品、办公用品、捐助、援外物资等非贸易货物在国际的流动。

    2.国际物流的分类

根据商品在国与国之间的流向进行分类，国际物流可分为进口物流和出口物流。根据商品流的关税区域进行分类，国际物流可分为不同国家之间的物流和不同经济区域之间的物流。根据跨国运送的商品特性进行分类，国际物流可分为国际军火物流、国际商品物流、国际邮品物流、国际捐助物流等。

（二）国际物流的特点

    1.物流环境复杂

国际物流的一个非常重要的特点是物流环境复杂，表现在各国物流环境存在差异，尤其是物流软环境存在差异。不同国家的物流适用法律问题使国际物流的复杂性远高于一国的国内物流，甚至会阻断国际物流。不同国家的不同经济和科技发展水平会造成国际物流处于不同的科技条件支撑下，有些地区根本无法应用某些技术而导致国际物流全系统水平的下降；不同国家的不同标准也造成国际物流"接轨"的困难，因而使国际物流系统难以建立；不同国家的风俗、人文状况也使国际物流受到很多限制。

由于物流环境的差异，迫使一个国际物流系统需要在多个不同的法律、科技、设施、人文、习俗等的环境下运行，大大增加了物流的难度和系统的复杂性。

    2.物流系统国际化

物流本身的功能要素、系统与外界的沟通已很复杂，国际物流再在这复杂系统上增加不同国家的要素，不仅所涉及的地域和空间更广阔，而且所涉及的内外因素更多，所需的时间也就更长。广阔的范围带来的直接后果是难度和复杂性增加，风险增大。当然，也正因如此，一旦国际物流融入现代化系统技术，其水平的提高会很显著，如开通某个大陆桥之后，国际物流速度会成倍地提高，效益也会显著地增加。

    3.国际化信息系统的支持

国际化信息系统是国际物流，尤其是国际联运非常重要的支持手段。国际信息系统建立的难度，一是管理困难，二是投资巨大，三是信息水平不均衡。一个好的国际物流信息系统可以及时掌握有关港口、机场和联运线路、站场的实际状况，为供应或销售物流决策提供支持。

4.国际物流标准化的要求较高

如果没有统一的标准,国际物流水平是无法提高的。要想使国际物流畅通起来,统一标准是非常重要的。例如,美国和部分欧洲国家基本实现了物流工具、设施统一标准,从而大大降低了物流费用和转运难度,提高了物流效率。

(三)国际物流基本构成方式

国际物流运作是指由不同的参与方在不同的物流节点使用不同物流设施设备,完成国际物流任务。为顺利完成运作流程,国际物流需要具有采购、包装、仓储、流通加工、出入境检验检疫、装卸搬运、运输、整理再包装、国际配送、物流信息处理等功能,这些功能构成了国际物流系统。其中,运输和仓储是物流系统的主要组成部分。国际物流通过商品的运输和仓储,实现其自身的时间和空间效益,满足国际贸易活动和跨国公司经营的要求。

1.国际货物运输子系统

国际货物运输的作用是将商品的使用价值进行空间转移,这是国际物流运作的核心。物流系统依靠克服商品生产地和需要地之间的距离,创造商品的空间效益。国际货物运输主要包括运输方式的选择、运输单据的处理以及运输保险等相关方面的内容。国际货物运输具有线路长、环节多、涉及面广、手续繁复、风险大、时间性强、内外运两段性和联合运输等特点。

国际货物运输包括外贸运输的国内运输段(包括进口国、出口国)和国际运输段。出口货物的国内运输,是指出口商品由生产厂家或供货地运送到装运港(车站、机场),它是国际物流中不可缺少的重要环节。离开了国内运输,出口货源就无法从产地或供货地集运到港口、车站或机场,也就不会有国际运输段。出口货物的国内运输工作涉及面广、环节多,要求各方面协同努力,组织好运输工作。国际运输段是国内运输段的延伸和扩展,同时又是衔接出口国运输和进口国运输的桥梁和纽带,是国际物流畅通的重要环节。出口货物被集运到装运港(车站、机场),办完出关手续后直接装船/机/车发运,开始国际运输段。有的货物则需要暂时进入港口仓库储存一段时间等待发运。国际运输段可以采用由出口国装运港直达进口国目的港卸货的方式,也可以采用中转的方式,经过国际转运点,再运给用户。

目前在国际货物运输中,涉及的运输方式很多,根据所使用的运输工具和运输路线,

主要分为以下几种:

(1) 铁路运输

该运输方式主要使用铁路机车来运送货物。铁路运输主要承担长距离、大批量的货物运输。在没有水运、空运条件的地区,几乎所有大批量的货物都是依靠铁路来进行运输的。

(2) 公路运输

该运输方式主要使用汽车在公路上进行货物的运输。公路运输主要承担近距离、小批量的货运和水运、空运、铁路运输难以到达地区的长距离、大批量货运以及水运、空运、铁路运输优势难以发挥作用的短距离运输。

(3) 水路运输

该运输方式主要包括内河运输和海洋运输。内河运输是连接内陆腹地和沿海地区的纽带,在进出口货物的运输和集散中起着重要的作用。海洋运输是国际货物运输的主要运输方式,海运量在国际货物运输总量中占 80%以上。水路运输之所以被如此广泛采用,是因为它与其他国际货物运输方式相比,具有能力大、运量大、运费低等优点。

(4) 航空运输

该运输方式主要使用飞机来运送货物。航空运输最大的优势是时效性较强。目前,随着客户要求更高水准的服务以及国际运输量的不断增加,航空运输正在成为许多公司配送方案中的重要选择。

(5) 管道运输

管道运输是用管道作为运输工具的一种长距离输送液体和气体物资的运输方式,是一种专门由生产地向市场输送石油、煤和化学产品的运输方式,是统一运输网中干线运输的特殊组成部分。管道运输石油产品比水路运输方式费用高,但仍然比铁路运输方式便宜。大部分管道都被其所有者用来运输自有产品。

(6) 国际多式联运

国际多式联运是按照经济合理的原则,取各种运输方式之所长,将不同的运输方式有机地结合起来,形成全程的连贯运输。国际多式联运是集装箱运输发展的产物,也是当今世界货物运输技术发展的一项重大成就。

2.进出口商品仓储子系统

国际货物运输克服了商品使用价值在空间上的距离,创造了物流的空间效益,使商品的实体位置由卖方转移到买方,而储存保管是减少商品使用价值在时间上的差异,完成货物的集和散的过程。国际物流仓储不仅包括对外贸商品的储存保管,而且包括出口加工、拣选、整理、包装、备货、组装、配送和发运等一系列工作。国际货物的仓储点主要有车站港口、货运站、保税区以及国际物流园区。

国际贸易和跨国经营中的商品从生产厂家或供应地被集中运送到装运港,或运到货运站集货装箱,再装运出口,是一个集和散的过程。例如,外贸商品从生产厂家或供应地被集中运送到装运港以备出口,有时需要临时存放一段时间,再从装运港装运出口。为了保持不间断的商品往来,满足销售出口需要,必须有一定量的周转储存,有些出口商品需要在流通领域内进行贸易前的整理、组装、再加工、再包装或换装,形成一定的贸易前的准备储存。有时由于一些货物临时到货或通知不到货主,货主不能及时运走,需要将货物临时存放在保税仓库。有时甚至会出现对货物不知最后作何处理的情况,这时买主(或卖主)会将货物在保税仓库暂存一段时间。若货物最终复出口,则无须缴纳关税或其他税费;若货物内销,则可将纳税时间推迟到实际内销时为止。因此,国际货物的库存量往往会高于内贸企业的货物库存量。这种国际物流被堵塞、物流不畅的情况,将给贸易双方或港方、运输方等带来损失。

3.进出口商品流通加工子系统

流通加工是随着科技进步,特别是物流业的发展而不断发展的。为了更好地接近国际市场,制造企业可以在流通过程中根据市场情况的变化或销售情况在配送中心对货物进行加工、重新包装等。流通加工是为了促进销售、提高物流效率和物资利用率,以及维护产品的质量而采取的,能使物资或商品发生一定的物理或化学以及形状变化的加工过程,并保证进出口商品质量达到一定的要求。出口商品的加工,其重要作用是使商品更好地满足消费者的需求,不断地扩大出口。同时,它也是充分利用本国劳动力和部分加工能力,扩大就业市场的重要途径。

流通加工的具体内容有两方面:一是出口贸易商品服务,如袋装、定量小包装(多用于超级市场)、贴标签、配装、拣选、混装、刷标记等;二是生产性外延加工,如剪断、平整、套裁、打孔、折弯、拉拔、组装、改装及服装的检验、熨烫等。这种出口加工或流通加工,不仅能最大限度地满足客户的多元化需求,同时由于比较集中的加工,还能比没有加工的原材料出口赚取更多的利润和外汇,增加附加价值。

4.进出口商品包装子系统

国际物流的包装主要是为了在流通过程中保护物品,提高装卸搬运效率。包装是按一定技术方法采用容器、材料及辅助物等将物品包封并予以适当的装运标志的工作的总称。包装往往处于生产过程的终点及物流过程的起点,是物流中不可缺少的环节。

由于国际物流运输过程时间长、运量大,运输过程中货物堆积存放、多次装卸,货物损伤的可能性大,因此国际物流活动中的包装方式非常重要,集装箱的出现为国际物流活动提供了安全便利的包装方式。

在考虑商品包装设计和具体作业过程时,应该把包装、储存、装卸搬运和运输有机联合起来统筹考虑、全面规划,实现现代国际物流系统要求的"包、储、运一体化",即从商品一开始的包装起,就要考虑储存的方便、运输的快速,以加速国际物流,方便储运,减少物流费用。

目前我国出口商品的包装存在的问题主要是:出口商品的包装材料主要靠进口;包装产品加工技术水平低,质量差;外贸企业经营者对出口商品的包装缺乏市场意识和环境保护意识。

5.进出口商品检验检疫与通关子系统

进出口商品检验检疫,是指货主或其代理人在规定的时限和地点向检验检疫机构报检,检验检疫机构依法对进出口商品实施法定检验检疫。检验的内容包括商品的质量、规格、重量、数量、包装及安全卫生等项目,经检验合格并签发证书后,方准进出口。在国际贸易中,从事商品检验的机构很多,包括卖方或制造厂商和买方或使用方的检验单位、国家设立的商品检验机构以及民间设立的公证机构和行业协会附设的检验机构。在我国,统一管理和监督商品检验工作的是国家出入境检验检疫局及其分支机构。究竟由哪个机构实施和提供检验证明,在买卖条款中必须明确加以规定。

国际货物出入境必须申请报关。报关是指出口商(或其代理人)、进口商(或其代理人)向海关申报出口或进口,接受海关的监督与检查,履行海关规定的手续,经海关同意,货物得到放行的过程。报关手续通常包括申报、查验、征税和放行四个基本环节。

6.国际物流信息管理子系统

国际物流信息管理子系统的主要功能是采集、处理和传递国际物流和商流的信息情报。国际物流信息的主要内容包括进出口单证的作业过程、支付方式信息、客户资料信息、市场行情信息和供求信息等。

国际物流信息管理子系统的特点是：信息量大，交换频繁；传递量大，时间性强；环节多，点多，线长。因此，要建立技术先进的国际物流信息管理子系统，EDI 的发展是一个重要趋势。

国际物流系统的不同阶段和不同层次通过信息流紧密地联系在一起，因而在国际物流系统中，总存在着对物流信息进行采集、存储、传播、处理、显示和分析的国际物流信息管理子系统。

二、国际物流发展趋势

（一）物流管理

1.国际物流系统更加集约化

集约化物流是指物流企业在一定区域或范围内，把个别的、零碎的、分散而同质的生产组织形式集中成规模的、便于现代化大生产的组织形式，协调社会整体资源，规避资源重复设置和浪费，充分利用信息和网络技术，运用现代组织和管理方式，延伸供应链管理领域的服务范围，将物流、运输、仓储、配送、信息等环节进行有效资源整合，优化运作成本，并进行社会一体化协作经营的新体制物流。

在物流市场形成初期，行业竞争较小，物流服务的技术含量不高，行业壁垒较低，物流业内模仿行为相对容易，因此存在大量潜在进入者。各类物流企业因经营模式的大同小异而平分秋色，多数物流企业还没有形成独特的经营理念，企业的竞争地位不稳定，凭借"先动优势"获取较大的市场份额是企业惯用的竞争策略。随着物流市场的全面启动，物流产业将由起步初期逐渐过渡到发展期乃至成熟期，物流服务产品的标准化、规范化和全面市场化的发展对物流市场竞争格局的逐步确立将使物流产业的规模效应迅速显现出来，物流产业的空间范围将进一步扩大，物流产业将向集约化发展。

传统物流一般只是货物从起点到终点的流动过程，即产品出厂后从包装、运输、装卸到仓储这样一个流程。而现代物流，一方面将传统物流向两头延伸并注入新的内涵，即从最早的货物采购物流开始，经过生产物流再进入销售领域，其间要经过包装、运输、装卸、仓储、加工配送等过程，最终送达用户手中，甚至最后还有回收物流；另一方面将社会物流和企业物流、国际物流和国内物流等各种物流系统，通过利益输送、股权控制等形式有机地组织在一起，即通过统筹协调、合理规划来掌控整个商品的流动过程，以满足各种用户的需求和不断变化的需要，争取做到效益最大和成本最小。国际物流的集约化，是将整个物流系统打造成一个高效、通畅、可控制的流通体系，以此来减少流通环节，节约流通费用，达到实现科学的物流管理、提高流通的效率和效益的目的。可以说，过去物流企业之间的竞争是单个企业之间的竞争，现在已经演变成一群物流企业与另一群物流企业的竞争，一个供应链与另一个供应链的竞争，一个物流体系与另一个物流体系的竞争。

物流企业所参与的国际物流系统的规模越大，物流的效率就越高，物流的成本就越低，物流企业的竞争力就越强，这是一种竞合关系。国际物流的这种集约化趋势，是一个国家流通业走向现代化的主要标志，也是一个国家综合国力的具体体现。当前，国际物流向集约化方向发展主要表现在两个方面：一是大力建设物流园区，二是加快物流企业整合。物流园区建设有利于实现物流企业的专业化和规模化，发挥它们的整体优势和互补优势；物流企业整合，特别是一些大型物流企业跨越国境展开"横联纵合"式的并购，或形成物流企业间的合作并建立战略联盟，有利于拓展国际物流市场，争取更大的市场份额，加速本国物流业深度地向国际化方向发展。

2. 第三方物流

第三方物流是指在物流渠道中由中间商提供的服务，因此第三方物流提供者是一个为外部客户管理控制和提供物流服务作业的公司。它们并不在供应链中占有一席之地，仅是第三方，但通过提供一整套物流活动来服务于供应链。

第三方物流优势显著，主要体现在集中主业、节省费用、减少库存、提升企业形象四个方面。第三方物流提供者通过全球性的信息网络使客户的供应链完全透明化，客户随时可以通过网络了解供应链的情况。第三方物流提供者用完备的设施和训练有素的员工对整个供应链实现完全控制，减少物流的复杂性。第三方物流提供者通过遍布全球的运送网络和服务，帮助客户大大缩短交货期，帮助客户改进服务、树立自己的品牌形象，为客户在竞争中取胜创造有利条件。

(二)物流技术

1. 国际物流标准更加统一化

国际物流的标准化是以国际物流为一个大系统,制定系统内部设施、机械装备、专用工具等各个分系统的技术标准;制定各子系统内分领域的包装、装卸、运输、配送等方面的工作标准;以系统为出发点,研究各分系统与分领域中技术标准与工作标准的配合性;按配合性要求,统一整个国际物流系统的标准;研究国际物流系统与其他相关系统的配合问题,谋求国际物流大系统标准的统一。

随着经济全球化的不断深入,世界各国都很重视本国物流与国际物流的相互衔接问题,努力使本国物流在发展的初期,其标准就与国际物流的标准体系相一致。因为忽视标准化问题,不仅会加大国际交往的技术难度,更重要的是,在现在的关税和运费本来就比较高的基础上,又增加了与国际标准不统一所造成的工作量,将使整个国际贸易物流成本增加。因此,国际物流的标准化问题不能不引起人们更多的重视。目前,跨国公司的全球化经营,正在极大地影响物流全球性标准化的建立。一些国际物流企业和协会,在国际集装箱和 EDI 技术发展的基础上,开始进一步对物流的交易条件、技术装备规格,特别是单证、法律条件、管理手段等方面推行统一的国际标准,使物流的国际标准更加深入地影响到国内标准,使国内物流日益与国际物流融为一体。

2. 国际物流信息化更完善

物流信息化能显著提高国际物流业的运行水平,加速国际物流市场流通,因而是国际物流系统建设的重点和难点。国际物流系统信息化主要表现在以下三个方面:

(1)公共物流信息平台的建立将成为国际物流发展的突破点

公共物流信息平台是指为国际物流企业、国际物流需求企业和其他相关部门提供国际物流信息服务的公共的商业性平台。其本质是为国际物流生产提供信息化手段的支持和保障。公共物流信息平台的建立,能实现客户的快速反应。建立客户快速反应系统是国际物流企业更好地服务客户的基础。公共物流信息平台的建立,能加强同合作单位的协作。

(2)物流信息安全技术将日益被重视

物流信息技术,在享受网络飞速发展带来的巨大好处的同时,也时刻可能遭受安全危机。例如,网络黑客无孔不入的恶意攻击、病毒的肆虐、信息的泄密等。应用安全防范技术,以保障国际物流企业的物流信息系统平台安全、稳定地运行是国际物流企业长期面临的一项重大挑战。

(3) 信息网络将成为国际物流发展的最佳平台

连接全球的互联网从科技领域进入商业领域后,得到了飞速的发展。互联网以其简便、快捷、灵活、互动的方式,全天候地传送全球各地间的信息,跨越时空限制,使整个世界变成了"地球村"。网上信息流通的时间成本和交换成本空前降低,商务、政务及个人事务都可以把信息搭载在互联网上进行传送。互联网已经成为全球信息交换的新平台。

(三) 物流服务

1. 绿色物流日渐重要

物流虽然促进了经济的发展,但是物流的发展同时也会给城市环境带来不利的影响,如运输工具的噪声、污染排放、交通阻塞等。21 世纪,人类面临人口膨胀、环境恶化、资源短缺三大危机,因此绿色物流备受关注。绿色物流从环境的角度对物流体系进行改进,形成了一个与环境共生型的物流管理系统。绿色物流适应社会发展的潮流,是全球经济一体化的需要。随着全球经济一体化的发展,一些传统的关税和非关税壁垒逐渐被取缔,环境壁垒(绿色壁垒)逐渐兴起。我国物流企业要想在国际市场上占有一席之地,就要发展绿色物流。

绿色物流是物流不断发展壮大的根本保障。物流作为现代新兴行业,有赖于社会化大生产的专业分工和经济的高速发展,而物流企业要发展,一定要与绿色生产、绿色营销、绿色消费紧密衔接,人类的经济活动绝不能因物流而过分地消耗资源、破坏环境,造成重复污染。

绿色物流是物流发展的趋势,也是物流企业最大限度降低经营成本的必经之路。据专家分析认为,产品从投产到销出,制造加工时间仅占 10%,储运、装卸、分装、二次加工以及信息处理等物流过程几乎占 90%的时间。因此,物流专业化无疑为降低成本奠定了基础。绿色物流强调低排放、大物流的方式。显然,绿色物流强调的不仅是一般物流的降低成本,更是绿色化和由此带来的节能、高效、少污染,它对生产经营成本的节省可以说是不可估量的。

2. 物流全球化趋势明显

物流全球化就是以满足全球消费者的需求为目标，组织货物在国际的合理流动，也就是发生在全球范围内的物流。具体而言就是在全球范围内，把商品的采购、运输、仓储、加工、整理、配送、销售和信息等方面有机结合起来，选择最佳的方式，以最低的费用和最小的风险，保质、保量、适时地将货物从某国的供方运到另一国的需方，为消费者提供多功能、一体化的综合性服务。物流全球化的实质是按照国际分工协作的原则，依照国际惯例，利用国际化的物流网络、物流设施和物流技术，实现商品和服务的全球流动与交换，以促进区域经济的发展和世界资源优化配置。物流全球化主要体现为以下三种形式：

第一，作为全球化的生产企业，在世界范围内寻找原材料、零部件来源，并选择一个适应全球分销的物流中心以及关键供应物资的集散仓库，在获得原材料以及分配新产品时使用当地现有的物流网络，并推广其先进的物流技术与方法。

第二，生产企业与专业第三方物流企业的同步全球化，即随着生产企业全球化的进程，将以前所形成的完善的第三方物流网络也带入全球市场。例如，日资背景的伊藤洋华堂在打入中国市场后，其在日本的物流配送伙伴伊藤忠株式会社也跟随而至，并承担了其配送活动。

第三，国际运输企业之间的结盟。为了充分应对全球化的经营，国际运输企业之间开始形成一种覆盖多种航线，相互之间以资源、经营的互补为纽带，面向长远利益的战略联盟，这不仅使全球物流更能便捷地进行，而且使全球范围内的物流设施得到了极大的利用，有效地降低了运输成本。

3. 物流服务更加多元化

物流常规服务项目通过专业化、集约化的方式实现高效的物流服务。第三方物流在现代营销理论和信息技术的支持下，取代传统物流，为客户提供更为完善、专业、合理的多元化物流增值服务，是国际物流的必然趋势。

（1）承运人型增值服务

该种增值服务包括从收货到递送的货物全程追踪服务、车辆租赁服务、被客户退回的商品回收运输服务、运输设备的清洁或消毒等。

（2）仓储型增值服务

该种增值服务包括材料及零部件的到货检验与安装制造、制成品的重新包装和组合、产品捆绑促销时的再包装服务、成品标记服务、退回商品的存放并协助处理追踪服务、为食品和药品类客户提供的低温冷藏服务等。

（3）货运代理型增值服务

该种增值服务包括租船订舱、包机包舱、托运、仓储、包装；货物的装卸、集装箱拼装拆箱、中转及相关的短途运输服务；报关报验、保险；多式联运；等等。

（4）信息型增值服务

该种增值服务包括向供应商下订单，并提供相关财务报告；接受客户的订单，并提供相关财务报告；利用对数据的积累和整理，对客户的需求进行预测，提供咨询支持；运用网络技术向客户提供在线数据查询和在线帮助服务；等等。

（5）第四方物流增值服务

该种增值服务包括向客户提供全面意义上的供应链解决方案；对第三方物流企业的管理和技术等物流资源进行整合优化；对物流作业流程进行再造，甚至对其组织结构进行重组，为客户物流决策提供咨询服务；等等。

【本章小结】

电子商务是利用计算机技术、网络技术和远程通信技术，实现整个商务过程的电子化、数字化和网络化。物流作为实现电子商务的保证，能够扩大市场范围，协调电子商务的目标，通过对电子商务的功能与特性的学习，掌握电子商务与现代物流之间的联系。

国际物流就是国家与国家、地区与地区之间的货物运输、保管、装卸搬运、包装、流通加工、配送及伴随发生的信息传递，其主体活动是国际货物运输。

【案例分析】

顺丰的全球化战略

在传统商业速递和邮政服务之外，顺丰针对跨境电商推出了多款具备自主创新服务的产品，并且于2015年完成跨境进口物流的全方位布局。顺丰很早就开始进行全球化战略部署，其全球化战略包含产品全球化和网络全球化两方面。

在产品全球化方面，顺丰将从三个层面发力：客户层——获取、掌控交易的两端，一端是商家，一端是消费者，抓住两端的精准用户；流向层——以中国为圆点的进出口服务；产品层——重轻结合，重是指物流仓网重资产投入，轻是指整合服务资源。

在网络全球化方面,顺丰将通过建立20个全球仓网来覆盖4个主要目标市场。北美海外仓,将布局在美东、美西和加拿大;欧洲海外仓,除了英国4个仓,还会布局在德国、法国、意大利和西班牙。此外,顺丰还将在俄罗斯和澳大利亚建仓。

【问题与思考】

(1) 你所了解的目前我国快递行业的现状如何?

(2) 你觉得顺丰实施全球化战略的优势是什么?

参 考 文 献

[1] 宾厚，王欢芳，邹筱.现代物流管理[M].北京：北京理工大学出版社.2019.

[2] 常杰.物流管理基础研究[M].天津：科学技术出版社，2019.

[3] 陈俊，刘强，饶阳春.现代物流管理[M].济南：山东大学出版社，2019.

[4] 郭丽娜.企业物流管理[M].长春：东北师范大学出版社，2019.

[5] 黄中鼎.现代物流管理[M].上海：复旦大学出版社，2019.

[6] 姜波.现代物流管理[M].北京：北京理工大学出版社，2021.

[7] 李子豪，李东，朱媛.物流管理基础[M].武汉：华中科技大学出版社，2021.

[8] 林菊玲.电子商务与现代物流[M].合肥：安徽大学出版社，2019.

[9] 刘心，吴庆.物流运输管理实务[M].成都：电子科技大学出版社，2018.

[10] 聂永有，袁洪飞.现代物流管理教程[M].上海：上海大学出版社，2020.

[11] 宋光，穆东.国际物流[M].北京：北京交通大学出版社，2019.

[12] 周亚蓉，冉安平.物流管理基础与实务[M].北京：北京理工大学出版社，2018.